왜 일본은 사과하지 않고, 우리는 잊지 말아야 할까?

요즘 청소년을 위한

한일 역사논쟁

왜 일본은 사과하지 않고, 우리는 잊지 말아야 할까?

요즘 청소년을 위한 한일 역사논쟁

펴낸날 1판 1쇄 2026년 3월 25일
글 박진우
펴낸이 정종호
펴낸곳 (주)청어람미디어
편집 황지희
디자인 황지희, 이원우
마케팅 강유은, 박유진
제작·관리 정수진
인쇄·제본 (주)성신미디어
등록 1998년 12월 8일 제22-1469호
주소 07292 서울시 영등포구 영등포로 150 생각공장당산 B동 810호
전화 02-3143-4006~4008
팩스 02-3143-4003
이메일 books@chungaram.kr
인스타그램 www.instagram.com/chungaram_media

ISBN 979-11-5871-294-5 43910

왜 일본은 사과하지 않고, 우리는 잊지 말아야 할까?

요즘 청소년을 위한

한일 역사논쟁

박진우 지음

청어람미디어

이 책의 목적은 한국의 청소년들이 한일 간에 쟁점이 되는 과거사 문제에 대하여 알기 쉽게 이해하고, 논리적이고 비판적인 안목을 키우는 데 도움이 되도록 하는 데 있습니다.

2019년 '징용공' 문제로 시작된 한일 간의 외교 갈등은 양국의 국민감정에도 영향을 미쳤습니다. 그해 6월 양국의 여론조사 기관이 공동으로 시행한 조사 결과를 보면, 일본에서는 한국이 '좋다' 6.1%, '싫다' 63.5%였으며, 한국에서도 일본이 '좋다' 3.7%, '싫다' 66.1%로 양국 모두 과거 최악의 수치를 기록했습니다.

이와 같이 상대국을 부정적으로 보는 이유에 대하여 일본에서는 "한국이 역사 문제로 일본을 계속해서 비판하기 때문"이라는 응답이 52.1%로 가장 많았으며, 한국에서는 "일본이 침략의 역사에 관해 진지하게 반성하지 않고 있기 때문"이라는 응답이 76.1%로 가장 많았습니다. 세부 항목을 보면 양국 모두 징용공 문제,

‘위안부’ 문제, 역사 교과서 문제, 야스쿠니신사 참배 문제, 독도 문제 등이 관계 개선에 걸림돌이 되고 있다고 답했습니다.

되돌아보면 과거사 문제는 한일회담이 시작된 1950년대부터 양국 관계의 발목을 잡았습니다. 식민지 지배를 정당화하는 일본 측의 발언과 이에 대한 한국 측의 반발은, 과거사를 둘러싼 양국의 상호 인식이 엇갈리는 계기가 되었습니다.

역사 교과서 왜곡 문제와 야스쿠니신사 참배 문제가 외교 갈등으로 분출한 1980년대까지 일본에서 바라본 한국은 우월감의 대상이었으며, 도움이 필요한 개발 도상의 독재 국가에 지나지 않는 존재로 인식되었습니다. 1988년 서울 올림픽 개최는 경제적으로 도약하는 한국의 이미지를 연출했지만, 일본에서 볼 때 한국은 여전히 후진국이라는 인식이 강했습니다.

1990년대에 들어서는 일본군 ‘위안부’ 문제가 쟁점으로 등장했습니다. 이에 반발한 일본 우파 정치인들의 ‘망언’이 잇따랐고 이에 따라 과거사 문제를 둘러싼 갈등의 골은 더욱 깊어졌습니다. 2000년대 초반에는 드라마 〈겨울연가〉가 일본에 한류 붐을 일으켰지만, 과거사를 왜곡하는 일본 우익 세력의 목소리를 잠재우지는 못했습니다. 오히려 역사 교과서와 야스쿠니신사 참배, 일본군 ‘위안부’ 문제에 더하여 독도 문제까지 가세하여 내셔널리즘의 충돌은 더욱 심해졌습니다.

일본의 우익들은 한국을 혐오한다는 의미의 '혐한'이라는 신조어를 만들어 내고, 확성기로 '헤이트 스피치'를 외치는 무리가 거리를 가득 메우며 활보할 지경에 이르렀습니다.

다행히 2020년대에 들어와서는 K-팝을 비롯한 K 문화가 세계적인 인기를 누리면서 일본의 한국에 대한 인식에도 변화를 가져오기 시작했습니다.

2025년 11월 28일 발표된 일본 정부의 '외교에 관한 여론조사'를 보면, '앞으로 한일 양국의 관계 발전이 중요하다'라는 응답이 역대 최고인 74%를 기록했으며, 56.3%가 한국에 대해 '친근감을 느낀다'라고 응답했습니다.

이에 앞서 같은 해 6월 《한국일보》와 일본의 《요미우리신문》이 한일국교정상화 60주년을 맞아 공동으로 시행한 여론조사에서도 현재 한일 관계가 '좋다'는 응답이 처음으로 '나쁘다'는 응답을 앞질러 한국이 48%, 일본이 43%를 기록했습니다. 상대국에 대한 친근감을 묻는 항목에서도 양국 모두 40% 이상이 '친근감을 느낀다'라고 응답했으며, 부정적인 응답은 7%에 그쳤습니다.

이처럼 현실적으로 양국 관계와 상호 인식이 개선되었지만, 과거사 문제는 여전히 해결되지 않고 있습니다. 징용공 소송 문제, 일본군 '위안부' 문제, 야스쿠니신사 한국인 합사 문제 등 어느 하나도 해결되지 않고 있으며, 언제든 갈등이 다시 일어날 수 있습니다.

일본은 과거사 문제는 이미 해결된 것이라는 인식이 강한 반면, 한국은 일본이 식민지 지배에 대하여 반성하지 않고 있다는 점을 문제 삼고 있습니다.

이렇게 양국 관계의 개선에 발목을 잡는 과거사를 이해하기 위해서는 무엇보다도 역사의 진실에 대하여 진지하게 마주하고 배우는 자세가 필요합니다.

이를 위해 이 책에서는 한일 관계의 개선에 걸림돌이 되는 과거사 문제의 쟁점을 현대적인 관점에서 재조명했습니다. 이 책을 통해서 한국의 청소년들이 맹목적인 '반일'을 넘어서 객관적이고 논리적으로 일본을 바라보고 비판할 수 있는 안목을 갖게 되기를 바랍니다.

2026년 3월
박진우

차례

여는 글 • 4

프롤로그 • 10

1장 조선은 일본에
어떤 존재였을까 • 20

2장 짓밟힌 땅에서의 저항,
농민군과 의병 • 38

3장 강제로 빼앗긴 나라,
거리로 쏟아져 나온 함성 • 60

4장 관동대지진은
어떻게 학살로 번졌을까 • 84

5장 조선인 청년은 왜
전쟁에 동원되었을까 • 106

6장 소녀들의 빼앗긴 꿈,
일본군 '위안부' 문제의 진실 • 128

7장 야스쿠니신사,
죽어서 '신'이 된 '영령'들 • 150

8장 일본은 과거를
어떻게 기억해 왔을까 • 172

9장 식민지 지배는
어떻게 정당화되었을까 • 194

10장 독도는 왜 영토 문제의
상징이 되었을까 • 210

에필로그 • 232

참고문헌 • 248

대통령의 1급 비밀, '무궁화계획'을 아시나요?

여러분은 무궁화계획이라는 말을 들어본 적이 있나요? 아마 처음
듣는 말이겠죠. 무궁화계획은 1984년, 전두환이 한국 대통령으
로서 최초로 일본에 국빈 방문할 때 추진된 외교 구상입니다. 이
계획의 핵심은 과거의 식민지 지배에 대하여 일본 천황이 직접 공
식적으로 사과할 것을 요구하는 것이었습니다. 이 사실은 2015년,
비밀 외교문서가 30년 만에 공개되면서 밝혀졌습니다.

무궁화계획을 이해하기 위해서는, 먼저 1980년대까지의 한일
관계부터 간단하게 살펴볼 필요가 있습니다.

1945년 한국이 식민지 지배로부터 독립한 이후, 한일 관계는
원만하지 못했습니다. 한국에는 일본에 대한 반일 감정이 강하게
남아 있었습니다. 반면 일본은 한국을 여전히 경제적·사회적으로
뒤처진 나라로 바라보고 있었습니다. 1965년 한일 간에 국교가

수립되었지만, 상호 간에 부정적인 인식은 좀처럼 개선되지 않았습니다.

1973년에는 김대중 전 대통령이 일본 도쿄의 호텔에서 한국의 중앙정보부 요원에 의해 납치되는 사건이 발생하여 일본 사회에 큰 충격을 주었습니다. 1974년에는 북한의 지령을 받은 재일교포가 광복절 행사장에서 박정희 대통령을 암살하려는 사건이 발생하면서, 한국 사회의 반일 감정은 더욱 악화됐습니다. 이어 1982년에는 일본의 역사 교과서 왜곡 문제가 불거져, 한국의 반일 감정은 최악의 국면에 이르렀습니다. 당시 일부 한국의 택시는 '일본인 승차 거부'라는 스티커를 붙이고 다녔고, 일본인 출입을 금지하는 식당이 등장할 정도였습니다.

이렇게 경직된 국면을 우호와 협력 관계로 바꾸는 데 중요한 역할을 한 인물은 아이러니하게도 전두환이었습니다. 전두환은 1979년 12·12 군사 쿠데타로 권력을 장악하고, 1980년 5월 광주의 민주화운동을 무력으로 진압한 뒤 같은 해 9월에 대통령으로 취임했습니다.

전두환 정부는 군사력을 앞세워 정권을 잡았기 때문에 국내외적으로 정당성과 명분이 약했습니다. 무궁화계획은 바로 이러한 약점을 외교 정책으로 만회하려는 시도였습니다. 그러나 한국 정부의 요청에 대하여 일본은 난색을 보였습니다. 왜냐하면 일본국 헌법에서 천황은 '국가와 국민 통합의 상징'으로 규정되어 있으며, 정치에는 관여할 수 없도록 되어 있기 때문입니다.

물론 이것은 일본 정부의 공식적인 설명이었고, 실제로는 과거의 식민지 지배에 대하여 진지하게 사과할 의지가 없었기 때문이라고 볼 수 있습니다. 이후에도 한일 간의 줄다리기는 반복됐습니다. 그러다 결국 일본이 약한 어조로 유감을 표명하겠다는 입장을 밝혔고, 대통령의 방일이 계획대로 진행되었습니다.

전두환이 방일하기 전날인 9월 5일, 일본 정부는 천황이 환영 만찬에서 발언할 내용을 한국 측에 전달했습니다. 약 3분 분량의 환영사에는 천황의 이런 발언이 포함되어 있었습니다.

금세기의 한 시기에 있어서 양국 간에 불행한 과거가 있었던 것은 실로 유감이며, 되풀이되어서는 안 된다.

한국 정부는 이 발언을 천황의 '사과'로 해석했고, 9월 6일 한국 대통령의 역사적인 최초의 방일은 성사되었습니다.

과거사는 왜 끝나지 않는 문제가 되었을까

한국 대통령의 방일과 일본 천황의 사과 발언에도 불구하고 한일 간의 상호 인식은 좀처럼 개선되지 않았습니다. 물론 전두환의 방일 이후 한일 관계가 일정 부분 개선되어 양국의 교류가 더욱 활발해진 것은 사실입니다. 또한 1990년대 후반 김대중 대통령의 일본 문화 개방 이후, 양국 간 교류는 더욱 활발해졌습니다.

오늘날 한국과 일본의 청소년들은 다양한 방면에서 서로 자유롭게 왕래하고 교류하면서 친밀한 관계를 유지하고 있습니다. 그러나 간혹 과거사에 관한 이야기가 나오면 대화의 흐름이 끊기고 분위기가 어색해지기도 합니다. 한국 학생들은 과거사에 대하여 목소리를 높여 일본을 비판하는 경우가 있는 반면, 일본 학생들은 학교에서 배우지 않았다는 이유로 대화를 피하는 경우가 많습니다.

이 책의 목적은 미래의 한일 관계를 짊어지고 가야 할 청소년들이 한일 간에 갈등과 쟁점이 되는 역사적인 사실을 정확하게 이해하도록 돕는 데 있습니다. 그리고 그 이해를 바탕으로 화해와 대화를 어떻게 이어갈 수 있을지 함께 고민해 보려는 데 목적이 있습니다. 진정한 화해는 역사의 진실을 외면하지 않고 직시하는 것부터 시작해야 하기 때문입니다. 따라서 이 책에서는 단순히 가해자 일본과 피해자 한국이라는 틀에서 벗어나, 역사적 사실을 오늘날의 관점에서 다시 살펴보는 데에 중점을 두었습니다.

이제부터는 먼저 이 책을 읽고 이해하는 데 도움이 될, 몇 가지 중요한 논점을 설명해 두고자 합니다.

천황과 일왕, 호칭에 담긴 의미

이 책에는 천황이라는 용어가 자주 등장합니다. 패전 후 새롭게 개정된 일본국 헌법 제1조에 천황은 '일본국과 일본 국민 통합의 상징'으로 규정되어 있습니다. 정치적 권한을 가진 최고 수장은 국무총리이며, 천황은 어떠한 정치적 권리를 행사할 수 없습니다. 이것은 패전 전의 '대일본제국헌법'에서 천황이 최고 통수권자로서 국민을 전쟁에 동원해서 비참한 결과를 낳은 것에 대한 반성이기도 합니다.

그런데 한국에서는 일본의 '천황' 호칭을 사용하지 않고 아예 격을 낮추어 일왕이라고 부르는 경우가 많습니다. 언론은 물론이고 역사를 전공하는 사람들도 '천황'이라는 용어를 사용하는 데 거부감을 보입니다.

물론 '천황'을 굳이 '일왕'으로 부르는 심정을 이해 못 할 것도 아닙니다. 고대 선진 문물을 일본에 전파했다는 문화적 우월감, 일본의 식민지 지배에 대한 민족적 자존심, 일본의 역사 왜곡에 대한 반감 등이 반영된 현상입니다. 조선의 '왕'보다 우위를 나타내는 '천황'이라는 칭호를 그대로 사용하기 싫을 수 있습니다.

그러나 '천황'이라는 호칭은 역사적으로 만들어진 공식 용어이기 때문에 그대로 사용하는 것이 타당합니다. 역사적으로 일본에서 '천황'이라는 호칭이 사용되기 시작한 것은 고대 국가가 형성되던 7세기경부터입니다. 이후 무사 정권이 지배하는 12세기부터 19세기까지는 천자, 운상, 금중 등 궁궐 안의 고귀한 존재를 가리키는 의미로 불리다가, 메이지유신 이후 '천황'으로 통일되어 지금까지 사용되어 오고 있습니다.

따라서 우리가 '천황'이라는 호칭을 사용한다고 해서 민족적인 자존심이 상하거나, 일본 천황에 대한 충성이나 존경을 나타내는 것도 아닙니다. 그럼에도 천황이라고 부르기 싫으면, '아키히토'라든가, '나루히토'라는 식으로 천황의 이름을 부르면 됩니다.

일본에서는 천황에 대한 존경을 나타낼 때는 '폐하'라는 수식어를 사용하여 '천황폐하'라고 부릅니다. 일본 우익은 명성황후를 '민비'라고 낮추어 부르고, 침략을 '진출'이라고 정당화하고 있습니다. 우리가 '천황'을 '일왕'으로 바꾸어 부르는 것을, 일본 우익이 똑같은 논리로 왜곡이라고 반박할 가능성이 있습니다. 침략은 어디까지나 침략이고, 천황은 어디까지나 천황입니다.

한국병합은 어떤 방식으로 이루어졌을까

1992년 서울대학교 이태진 교수는 1905년 을사늑약이 절차상 중대한 하자가 있어 국제법상 무효라고 주장하며 세간의 주목을 받았습니다. 그 근거로 조약서 원본에 고종 황제의 서명이 없다는 점과 조인에 참여한 한국 대신과 일본 공사가 전권위임장을 갖고 있지 않았다는 점을 들었습니다. 이후 이태진 교수는 1904년부터 1910년까지 체결된 아래의 한일 간의 주요 조약 모두가 무효라고 주장했습니다.

1904년 2월 한일의정서
1904년 8월 제1차 한일협약
1905년 11월 제2차 한일협약(을사늑약)
1907년 7월 제3차 한일협약
1910년 8월 한국병합 조약

특히 한국병합 조약에 대해서는 비준서 역할을 한 조칙에 고종 황제의 **서명**이 없다는 점을 지적했습니다. 일반적으로 황제의 재가를 받은 공문에는 어명(임금의 이름)과 어새(옥새의 높임말)를 함께 사용하는데, 한국병합 조약의 조칙에는 '어새'는 있지만 '어명'이 없다는 것입니다.

일본 학계에서는 이태진 교수의 주장을 긍정적으로 보는 학자도 있었지만, 반론을 제기하는 학자들도 있었습니다. 반론을 제기한 학자들은, 조약의 발효에 비준이 필요한 것은 의회의 권한이 큰 유럽이나 미국과 같은 나라에 해당하는 절차일 뿐, 당시의 한국에는 해당하지 않는다고 주장했습니다. 또한 일본의 한국 영유는 당시 열강의 국제적 승인을 얻었다고 반론하기도 했습니다.

이 문제를 둘러싼 논쟁은 한일 양국의 학자들뿐만 아니라, 유럽과 미국의 학자들이 참여한 국제심포지엄으로까지 이어졌습니다. 그러나 이러한 논의에도 불구하고 아직도 합의된 결론에 이르지 못하고 있습니다.

'무효'라는 문제제기의 출발점

한국병합이 무효인가 아닌가를 둘러싼 갈등은 사실 1965년 한일기본조약 체결 과정에서부터 문제가 되었습니다. 한일기본조약 제2조의 조문은 아래와 같습니다.

> 1910년 8월 22일 이전에 대일본제국과 대한제국 간에 체결된 모든 조약과 협정은 이미 **무효**임을 확인한다.
>
> It is confirmed that all treaties or agreements concluded between the Empire of Korea and the Empire of Japan on or before August 22, 1910 are already null and void.

한일 양국이 이 조문에 합의를 보기까지는 긴 시간이 걸렸습니다. 한국과 일본이 국교 정상화를 위해 회담을 시작한 것은 1952년이었습니다.

당시는 한국전쟁이 한창이던 시기였습니다. 한국과 일본은 미국에 등을 밀려 협상을 시작했습니다. 미국은 한일 양국이 손을 잡게 하여 동아시아에서 반공의 방파제로 삼으려 했기 때문입니다. 그러나 협상을 시작한 이후 조약이 체결되기까지 13년이나 걸렸습니다. 그만큼 협상은 쉽지 않았습니다. 협상에서 가장 큰 쟁점은 과거의 식민지 지배를 어떻게 정의하고 청산할 것인가 하는 문제였습니다.

한국 측은 식민지 지배가 처음부터 불법이자 무효라고 주장했고, 일본 측은 식민지 지배 자체는 합법적이고 유효하다고 반론했습니다. 양측의 입장은 팽팽하게 맞섰고, 협상은 여러 차례의 난항과 중단을 거듭했습니다. 그 끝에 도달한 '타협'의 결과가 한일기본조약 제2조였습니다.

한일기본조약은 영문으로 작성되었습니다. 여기에는 'null and void'(법률적으로 무효)라는 문구 앞에 already라는 단어가 들어갔습니다. 그 결과 조문은 'already null and void'(이미 무효임을 확인한다)로 타협을 봤습니다.

이 표현을 두고 해석은 갈렸습니다. 일본은 '(협상이 진행되고 있는 지금으로서는) 이미 무효'라고 해석했고, 한국은 '(원천적으로) 이미 무효'라고 해석한 것이죠. 이처럼 제2조는 언제부터 무효였는가를 두고 제각기 자기에게 유리하게 해석할 수 있는 애매한 조문이었습니다. '이미'라는 한 마디가 전혀 다르게 해석하게 만들어 버렸지만, 양국은 더 이상 문제 삼지 않고 묻어버렸습니다.

양국이 암묵적으로 봉인한 이 문제는 1990년대 이후 제기된 식민지 시대의 징용공과 일본군 '위안부' 등의 강제동원 피해자 배상 소송에도 영향을 미치고 있습니다. 따라서 이 문제는 미리 기억해 둘 필요가 있습니다.

1장

조선은
일본에
어떤 존재였을까

720년	《일본서기》 편찬
1592년	도요토미 히데요시 조선 침략(임진왜란)
1597년	조선 재침(정유재란)
1603년	무사 정권(에도막부) 성립
1868년	메이지유신
1875년	강화도 사건
1882년	임오군란
1883년	진구황후 관련 유물 야스쿠니신사 전시 진구황후 초상 지폐 발행
1884년	갑신정변
1885년	후쿠자와 유키치 '탈아론' 발표
1894년	청일전쟁
1904년	러일전쟁
1905년	제2차 한일협약 체결(을사늑약)
1910년	한국병합

역사책인가, 소설책인가? 《일본서기》의 비밀

일본이 한국을 식민 지배하면서 한국인을 차별하고 멸시한 것은 부정할 수 없는 사실입니다. 그것은 식민지를 지배한 국가로서의 우월감만으로는 설명하기 어렵고, 역사적으로 오랜 시간에 걸쳐 축적된 인식 구조와도 깊이 연결되어 있습니다.

일본의 전통적인 한국 인식의 뿌리는 고대 한일 관계까지 거슬러 올라갑니다. 그 원형은 《일본서기》에서 볼 수 있습니다.

《일본서기》가 편찬된 8세기 전반은 '일본'이라는 국명과 '천황'이라는 칭호를 처음으로 사용하기 시작한 시기였습니다. 이는 곧 통일국가의 왕권이 점차 강화되고 있었다는 것을 말해줍니다. 《일본서기》는 통일왕조가 전국적인 지배를 강화하는 과정에서 지배의 정통성을 강조하기 위해 편찬된 역사서입니다. 이 책에는 천황의 계보를 신성화하고, 천황이 신의 자손이라는 것을 정당화하는 논리가 담겨 있습니다.

《일본서기》는 총 30권과 계보 1권으로 구성되어 있는데, 1·2권은 신화, 3권부터는 천황이 다스리는 인간 세상을 서술하고 있습니다.

먼저 일본의 건국 신화에 관한 내용을 간략하게 정리해 보죠. 신화 속에는 하늘에 수많은 신들이 사는 '다카마가하라'라고 하는 높고 넓은 들판이 등장합니다. 여기서 태양신 아마테

《일본서기》 판본

라스 오미카미의 손자가 3종의 신기를 가지고 규슈로 내려옵니다.

이후 그 자손이 동쪽으로 정벌을 시작하여 기원전 660년에 지금의 나라(奈良)에서 1대 진무 천황으로 즉위했다고 합니다. 이러한 신화의 내용을 역사적으로 해석해 보면, '3종의 신기'를 하늘에서 가지고 내려왔다는 서술은, 당시로서는 최첨단의 선진문물을 가진 집단이 한반도를 거쳐 바다를 건너 규슈로 왔다는 사실을 상징적으로 반영한 것으로 이해할 수 있습니다. 다시 말하자면, 천손강림의 신화는 선진문물을 가진 집단이 약소 부족을 정복하고 통일왕권을 형성하는 과정에서 자신들의 정통성을 강조하기 위해서 만들어 낸 창작 서사입니다.

· 3종의 신기
신성한 보물이라는 의미. 칼, 구슬, 거울을 상징

그 연장선상에서 한반도의 신라, 고구려, 백제의 세 나라가 일본에 복속되어 조공을 바쳤다는 허구의 서술이 만들어졌습니다. 이것이 이른바 진구황후의 삼한정벌 신화입니다. 여기서 삼한이란 마한, 진한, 변한이 아니고 신라, 고구려, 백제를 말합니다.

임신한 몸으로 신라를 정벌했다고?

《일본서기》에서 고대 한일관계의 원형을 가장 잘 나타내는 서술은 진구황후의 '삼한정벌'에 관한 전승입니다. '정벌'이라는 표현 자체에 '삼한'과 일본의 우열 관계를 전제하는 인식이 담겨 있습니다.

《일본서기》에서 유일하게 천황이 아닌 인물의 전기가 하나 등장하는데, 그 주인공이 바로 진구황후입니다. 진구황후는 14대 주아이 천황의 부인으로, 만삭의 몸에 남편을 따라 지금의 규슈 지역에 있는 구마소 정벌에 나섰다고 합니다. 이 과정에서 별안간 신이 주아이 천황 앞에 나타나 바다 건너 금은보화가 넘치는 신라를 정벌하라고 합니다. 그러나 주아이 천황은 신의 말을 듣지 않고 구마소 정벌을 계속하다가 갑작스럽게 죽게 됩니다. 진구황후는 남편이 신의 말을 거역하여 죽었다고 판단하고, 남편을 대신해서 병사를 이끌고 바다 건너 신라를 정벌했다고 합니다. 이후 고구려와 백제 두 나라의 왕도 도저히 일본을 이길 수 없다고

• 전승(傳承)

이야기·생각·신화·관습 등이 사람에서 사람으로 전해 내려오는 것

판단해 항복했다는 것이 '삼한정벌' 전승의 주요 내용입니다.

그러나 진구황후는 역사적 실존 인물로 보기는 어렵습니다. 전설적 성격이 강한 가공의 인물로 이해하면 됩니다. 《일본서기》에 따르면 진구황후는 '삼한정벌' 당시 만삭의 몸이었는데, 일본으로 돌아와 아이를 낳고 60년 이상 섭정했다고 합니다. 그러나 이것은 앞뒤가 맞지 않은 이야기입니다. 아들이 60세가 넘도록 섭정했다는 것은 현실적으로 성립하기 어렵습니다.

기록에 의하면 진구황후가 '삼한정벌'을 마치고 돌아온 해는 기원후 200년입니다. 그해 12월에 낳은 아들이 이후 15대 오진 천황이 되는데, 재위 기간이 270년부터 310년까지로 기록되어 있습니다. 이를 그대로 받아들이면 오진천황은 70세에 즉위해서 110세까지 살았다는 계산이 됩니다.

《일본서기》의 천황 계보를 보면 오진 천황 이외에도 14대 천황까지 100세를 넘게 장수한 천황이 10명이나 됩니다. 오늘날보다 평균 연령이 훨씬 짧았던 당시를 고려하면, 이들 대부분이 가공의 인물일 가능성이 크다는 점을 알 수 있습니다. 그럼에도 불구하고 진구황후의 '삼한정벌' 전승은 마치 역사적 사실처럼 전해지며, 일본인들의 한반도에 대한 인식에 오랫동안 영향을 미쳤습니다.

진구황후의 '삼한정벌' 전승을 근거로

• 섭정

나이 어린 왕이 성인이 될 때까지 정치를 대신하는 직위

한반도에 대하여 우월감을 가지는 인식은 이후의 역사 과정에서 계승되어 왔습니다.

"조선은 일본의 신하?"라는 오래된 착각

13세기 중국의 원나라는 고려를 굴복시키고 일본을 정복하기 위해 여몽연합군을 결성하여 1274년과 1281년에 두 차례 일본을 침공했습니다. 일본에서는 이를 원구의 침공이라고 부릅니다.

여몽연합군의 침공은 두 차례 모두 태풍으로 인하여 실패로 돌아갔습니다. 당시 일본은 이를 신이 불어준 바람이라고 하여 신풍, 즉 '가미카제'라고 불렀습니다.

고대부터 일본은 신의 자손이 세운 나라라는 인식이 있었습니다. 이를 신국이라 합니다. 원나라의 일본 침공이 실패한 후 이러한 '신국' 인식은 더욱 확고해졌습니다.

16세기 말, 도요토미 히데요시의 조선 침략에서도 진구황후의 전승은 다시 등장합니다. 당시 무사들은 출병에 앞서 진구황후에게 전승을 기원하는 제사를 올렸고, 진구황후와 관련된 전설도 널리 퍼졌다고 합니다. 심지어 일부 무사들은 여성인 진구황후가 삼한을 정벌했으니, 우리가 못할 리가 없다고 호언장담하기도 했습니다.

히데요시의 두 차례에 걸친 조선 침

• **원구**(元寇)

원구의 '구'는 도적이라는 의미로 침략자에 대한 적개심을 나타낸 표현략은 결과적으로 실패로 끝났습니다. 그럼에도 불구하고 일본에서는 이 전쟁이 조선 침략이 아니라 '조선정벌'로 기억되었습니다. 이러한 기억은 진구황후의 '삼한정벌' 전승과 함께 조선에 대한 우월감을 드러낼 때마다 반복적으로 소환되었습니다.

에도시대(1603~1868) 일본의 지식인들은 '삼한정벌'과 '조선정벌'을 근거로 조선을 내려다보는 인식을 널리 공유하고 있었습니다. 예를 들면 에도시대 중기의 정치가이자 주자학자로서 장군을 보필한 아라이 하쿠세키는 "옛날에는 삼한이 우리나라의 속국이었으며 각국의 군주는 모두 우리나라의 신하로서 그 나라의 왕이 되었다"라고 주장했습니다.

다만 에도시대 일본의 조선에 대한 우월감은 실제 힘의 우위를 보여 주는 것이라기보다는, 당시 국제 관계 속에서 자신들의 위상을 강조하려는 의미가 있었다고 할 수 있습니다.

그런데 18세기 후반부터 이러한 조선관에 변화가 보이기 시작합니다. 에도시대 일본은 서양의 기독교 세력을 막기 위해 철저한 쇄국정책을 펼쳤습니다. 그러나 18세기 후반부터 서양의 선박들이 빈번하게 일본 근해에 출몰하자 지배층은 심각한 위기감을 느끼게 됩니다. 이러한 서구의 접근에 대한 위기감 속에서, 조선을 일본에 복속시켜야 한다는 주장이 등장하기 시작합니다.

예를 들면 18세기 후반의 사상가 하야시 시헤이는 "진구황후

정벌 이래 조선은 대대로 우리 왕조에 조공을 바쳤다"거나, "진구황후가 삼한을 복속시키고 히데요시가 조선을 토벌하여 본국에 복종해 왔다"면서 조선을 일본에 복속시켜야 한다고 주장했습니다.

이러한 인식은 19세기에 들어와 서양과의 교섭 과정에서 입은 손실을 조선을 비롯한 근린 약소국을 침략해서 만회해야 한다는 논리로 발전하게 됩니다. 오늘날까지 일본에서 메이지유신의 정신적인 지도자로 추앙받는 요시다 쇼인이 대표적인 인물입니다.

요시다 쇼인은 과격한 사상으로 인하여 정부로부터 위험 인물로 지목되어 1859년에 30세의 나이로 처형당했습니다. 그러나 그의 정신은 메이지유신을 성취한 제자들에게 계승되어 정한론˙으로 발전했으며, 이는 결국 한국병합으로 이어지는 사상적 토대가 되었습니다. 실제로 한국병합을 주도한 이토 히로부미는 요시다 쇼인의 제자였습니다.

"무례한 조선을 정벌하라!" 정한론의 실체

에도시대 말기에는 요시다 쇼인 이외에도 '정한'을 주장한 자들이 많았습니다. 이는 조선이나 중국에서는 볼 수 없는 일본 특유의 해외 팽창론이라고 할 수 있습니다.

'정한론'의 발단은 메이지유신 이후 일본 정부가 조선에 왕정복고를 알리는

• 정한론(征韓論)
일본이 조선을 무력으로 압박하거나 침략해야 한다고 주장한 사상

국서(외교문서)의 명의를 '천황'의 '칙서'로 사용한 사건 때문이었습니다. 이제까지 에도 막부와 동등한 교린 관계를 맺어 오던 조선 정부로서는, '황(皇)'이나 '칙(勅)'이란 용어는 '왕'의 상위에 있는 중국의 황제가 사용하는 것이기 때문에 받아들일 수 없었습니다.

조선이 국서의 수리를 거부하자, 일본은 이를 외교적 예의에 어긋나는 행위이자 일본을 모욕한 것으로 받아들였습니다. 그 결과 조선을 정벌해야 한다는 '정한론'이 고개를 들기 시작했습니다. 메이지유신에 큰 공을 세운 기도 다카요시는 "사절을 조선에 파견하여 무례를 문책하고 상대가 불복하면 그 죄를 물어야 한다"라고 주장했습니다. 동시에 메이지유신 이후 사민 평등 정책으로 '무사'의 특권을 상실한 재야의 사족(士族)들 사이에서 '정한'을 요구하는 목소리가 빠르게 확산되었습니다.

당시 재야의 사족들이 정부에 제출한 상소문을 보면 천편일률적으로 진구황후의 '삼한정벌'을 근거로 '정한'의 명분을 정당화하고 있었습니다.

예를 들면 "조선은 원래 서북의 한 소국으로서 옛날부터 대대로 우리 제국에 복속하였으나, 중세 이래 조공을 바치지 않았으니 그 죄를 어찌 용서할 수 있는가"라거나, "조선은 옛날 진구황후가 친히 정복하신 곳으로 우리 일본의 속국임은 고사에 명백히 기록되어 있다"는 등의 주장은 당시의 상소에서 흔히 볼 수 있는 내용입니다.

　이와 함께 진구황후의 전승뿐 아니라, 히데요시의 조선 정벌도 다시 부각되었습니다. 당시의 신문을 보면 히데요시를 해외에 국위를 떨친 영웅으로 묘사하고, 조선 정벌을 조공을 게을리한 데 대한 정당한 응징으로 설명하는 기사를 쉽게 볼 수 있습니다.

　이처럼 메이지 초기 진구황후의 '삼한 정벌'과 히데요시의 '조선 정벌'을 근거로 한 '정한' 열기는 사회 전반으로 확산되었습니다. 이러한 정한론은 결국 1875년 강화도 사건으로 이어졌고, 일본의 한국 침략은 이 시점부터 본격적으로 전개되기 시작했습니다.

일본은 문명국, 조선은 야만국?

'일본=개화, 조선=야만'이라는 이분법적 구도는 일본이 서구 문명을 적극적으로 도입하는 1870년대 중반부터 더욱 뚜렷하게 나타납니다. 서구의 선진문물을 빠르게 도입한 일본에 비하면 조선은 아직도 미개, 야만의 상태에 있다는 인식이죠.

　당시 일본에서 발행된 강화도 사건에 관한 신문 기사를 보면 조선의 실제 생활 습관과는 무관하게 "몽매 야만의 조선"이라거나 "조선은 문명국이 아니다"와 같은 표현이 반복적으로 등장합니다. 이는 조선에 대한 멸시와 차별적인 시각이 언론을 통해 노골적으로 드러난 사례라 할 수 있습니다.

19세기 후반 세계는 군사력과 국력을 앞세운 강대국들이 약소국을 지배하던 약육강식의 시대였습니다. 이러한 상황에서 일본은 서구 열강의 압도적인 힘 앞에서 자신의 취약한 위치를 자각하면서 근린 약소국을 침략하여 국가의 독립을 지켜야 한다는 논리를 전개한 것입니다. 이는 앞서 보았던 요시다 쇼인이 주장한 논리와도 일맥상통하고 있으며, 서양에 대한 열등감이 클수록 조선에 대한 우월감이 한층 증폭되고 있었습니다.

당시 일본 최고의 지식인으로 평가되는 **후쿠자와 유키치** 역시 이러한 인식을 드러냈습니다. 그는 일본이 '학문의 우열, 상업의 발달, 국가의 빈부, 병력의 강약'에 있어서 아직 서구에 미치지 못한다는 것을 강조하면서도, 조선은 "문명의 정도가 일본에 미치지 못하는 일개 소야만국"이며, "설령 그들이 스스로 속국이 되고자 한다 해도 또한 이를 기뻐하기에 족하지 않다"고 주장하며 노골적인 멸시관을 드러냈습니다.

후쿠자와 유키치는 1885년 3월 16일, 자신이 발간한 신문 《시사신보》에 기고한 **탈아론**으로도 유명합니다. '탈아'란 아시아에서 벗어난다는 의미입니다. 탈아론은 일본이 나아가야 할 길은 서구화, 곧 문명화라는 것을 제시하면서 문명화에 뒤떨어진 중국과 조선을 '악우', 즉 나쁜 친구라고 규정하고 이들과의 관계를 끊고 서양과의 관계를 중시해야 한다고 주장한 논리였습니다. 영어의

'civilization'을 '문명'으로 번역한 것도 후쿠자와였습니다.

이처럼 서양에 뒤떨어진 일본의 현실에 대한 **열등감**과 이를 보상하려는 **우월감**이라는 이중적인 대외 인식을 배경으로, 전통적인 조선관이 새로운 형태로 부활하고 있었습니다. 특히 임오군란에 즈음해서는 히데요시의 신령이 영험하다는 소문이 퍼지면서, 그를 신으로 모시는 신사에 인파가 몰렸다는 기록도 남아 있습니다.

임오군란이 발생한 1882년과 갑신정변이 발생한 1884년을 전후로 히데요시를 소재로 한 가부키 연극이 빈번하게 상연되었습니다. 이러한 경향은 청일전쟁과 러일전쟁을 거치면서 더욱 두드러져, 상연 횟수도 급속하게 증가했습니다.

이와 동시에 진구황후도 다시 등장했습니다. 1883년 일본 언론은 궁내청이 소장하던 진구황후의 '삼한 정벌'과 관련 있는 말안장을 야스쿠니신사에 진열한다는 소식을 전하며, 고대 신화를 현재의 역사로 되살렸습니다. 같은 해에는 일본 최초로 진구황후의 초상이 들어간 지폐도 발행했습니다. 1885년에 만들어진 '군기(軍旗)의 노래'에도 진구황후와 히데요시가 동시에 등장합니다.

1883년 제작한 지폐에 실린 진구황후의 초상

떠오르는 태양과 함께 황국의 신들이 너희들을 도와줄 것이다. 너희들이 공을 세울 장소는 이 황국 안이 아니라 밖에 있다는 것을 알라. 진구황후와 히데요시의 옛날 공적을 상기해야 하느니, 충(忠)과 용(勇)으로 이 깃발을 지구 위에 빛내어라.

이 노래는 청나라와의 전쟁을 염두에 두고 승리를 다짐하기 위해 진구황후와 히데요시의 업적을 상기시키고 있습니다. 진구황후의 '삼한정벌'과 히데요시의 '조선정벌'은 이처럼 한국병합에 이르기까지 끈질긴 생명력을 지닌 상징으로 반복해서 재생산되면서 일본의 조선 지배를 정당화하는 역할을 했습니다.

만화와 장난감에 숨겨진 무서운 세뇌

러일전쟁 이후에는 대중 문화 영역에서도 진구황후와 히데요시가 등장합니다. 1905년 창간한 대형 컬러판 만화잡지 《도쿄 퍽》은 1907년 7월 체결한 한일신협약을 기념해, '한일신협약의 순간'이라는 제목으로 화려한 색채의 그림을 실었습니다.

한일신협약은 일본이 강제로 조선에서의 모든 행정적 지휘권을 장악하여 실질적 지배를 가능하게 한 협약이었습니다. 이 그림을 보면, 이토 히로부미와 외무대신 하야시 다다스가 지켜보는 가운데 대한제국의 총리대신 이완용이 협약서에 날인하고 있으며,

그 옆에는 **압록강**이 흐르고 있습니다. 그리고 하늘에서는 진구황후와 히데요시, 그리고 '정한'을 주창한 사이고 다카모리가 오랜 역사적 염원이 이루어지는 순간을 지켜보고 기뻐하는 모습이 그려져 있습니다.

1910년 8월의 한국병합을 기념하기 위해 만든 **주사위 놀이판**에는 신화에서 역사에 이르기까지, 한일 관계 속에서 조선에 대한 우월감을 나타내는 표상들이 망라되어 있습니다. 놀이판에 단계별로 배치된 20개의 그림에는 히데요시의 '조선 정벌'과 관련이 있는 귀무덤', '조선 정벌'에서 선봉장을 맡았던 가토 기요마사와 고니시 유키나가, 청일전쟁과 러일전쟁, 그리고 '정한'을 주창한 사이고 다카모리의 동상이 등장합니다.

놀이판의 마지막 단계에 가면 진구황후, 히데요시, 이토 히로부미가 함께 그려져 있고, 골인 지점에는 초대 조선 총독 데라우치 마사다케가 천황의 병합 조칙을 읽고 있는 장면이 배치되어 있습니다. 데라우치 총독의 등 뒤에는 '만세'라는 글귀와 함께 **욱일승천기**와 같은 태양이 빛을 발하고 있는데, 그것은 태양신으로 전해지는 일본의 조상신 아마테라스 오미카미, 그리고 대일본제국의 팽창을 상징하는 장치라고 할 수 있습니다.

일본의 언론도 한국병합을 대대

• 귀무덤
임진왜란 당시 조선인의 귀를 잘라간 것을 일본의 스님이 모아 무덤으로 만든 것

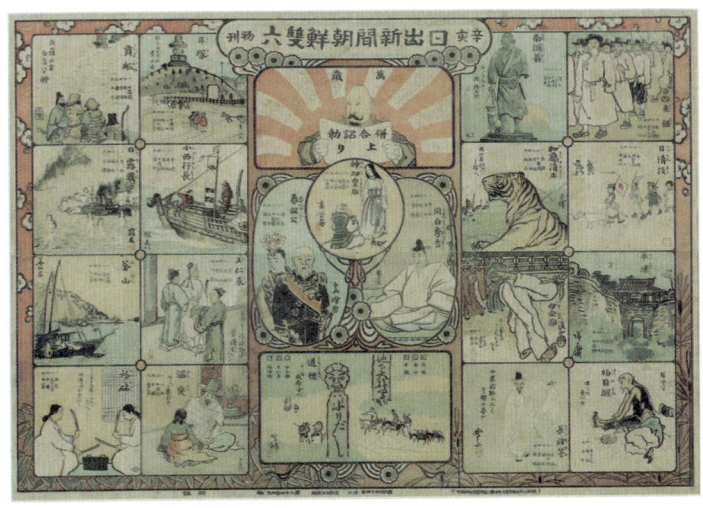

한국병합을 기념하는 주사위 놀이판. 맨 위 중앙의 그림은 초대 총독 데라우치 마사다케가 병합 조칙을 읽고 있는 모습

적으로 환영하면서 진구황후와 히데요시의 업적을 반복적으로 상기시켰습니다. 한국병합 직후《요미우리신문》은 부채와 활을 들고 있는 진구황후의 그림을 크게 실어 '삼한 정벌'을 강조했습니다.《아사히신문》은 시내를 달리는 전차 안에서 한국병합에 관한 호외를 보고 노파와 남성이 나누는 대화를 다음과 같이 소개했습니다.

노파 "그럼 이제 조선은 일본 것이네요.

남성 "그렇죠, 진구황후님 이래의 일이니까."

노파 "아! 참 장한 일이야."

이 내용은 기사 작성 과정에서 창작되었을 가능성도 있지만, 진구황후가 일반 시민들 사이에서도 얼마나 익숙한 존재로 인식되고 있었는지를 잘 말해주고 있습니다.

심지어 아동들을 대상으로 한 소년잡지에서도 진구황후와 히데요시가 등장합니다. 청일전쟁을 계기로 창간된 《소년세계》는 창간호에 '삼한정벌' 기사를 실었고, 한국병합을 전후해서는 아동문학의 창시자로 알려진 이와야 사자나미가 '조선의 병합과 소년의 각오'라는 글에서 다음과 같이 말했습니다.

일러전쟁은 무엇을 위해서인가? 일청전쟁은 무엇을 위해서인가? 모두 조선을 위해서였다. 아니 그뿐만이 아니다. (…) 역사를 거슬러 올라가 보면 히데요시의 정벌도 진구황후의 출정도 모두 조선의 오늘이 있게 하기 위한 것이었다. 실로 우리 제국은 2천 년래의 목적을 드디어 오늘에 이르러 달성해 낸 것이다.

어릴 적부터 이러한 교육을 받고 성장한 아이들은, 성인이 된 뒤 제국 일본의 국민으로서 식민지 민족에 대한 우월감을 바탕으로 한 차별과 멸시를 자연스럽게 내면화하게 됩니다.

18세기 후반부터 대외적 위기가 심화되면서, 진구황후의 삼한정벌과 히데요시의 조선정벌은 일본 사회에서 '신국'의 영광스러운 과거로 반복해서 소환되었습니다. 이러한 전승은 메이지유신 이후 근대 독립 국가를 형성하고 제국 일본으로 팽창하는 과정에서 재해석되었고, 한국병합은 그 위대한 업적이 최종적으로 완결되는 하나의 과정으로 인식되었습니다.

- 《일본서기》는 천황이 하늘에서 내려온 신의 자손이라고 적고 있습니다. 만약 대통령이나 리더가 "나는 하늘이 정해준 사람"이라며 특별한 대우를 요구한다면, 여러분은 그 말을 믿고 따를 수 있을까요?

- 일본의 보드게임은 조선을 '정복의 대상'이자 '이겨야 할 상대'로 그렸습니다. 놀이와 오락이 특정 집단을 반복해서 적으로 그릴 때, 사람들의 세계관에는 어떤 변화가 생길까요?

- 신화 속 가공인물인 진구황후를 일본 최초의 지폐 모델로 삼은 이유는 무엇이었을지, 당시 일본의 속마음을 추리해 봅시다.

2장

짓밟힌 땅에서의 저항, 농민군과 의병

1894년	동학농민운동 발발 일본의 경복궁 점령과 친일 내각 수립 청일전쟁 발발
1895년	명성황후 시해 이후 의병 항쟁 시작
1896년	아관파천 발생
1905년	을사늑약 체결
1907년	프레더릭 A. 맥켄지, 《조선의 비극》 출간
1910년	한국병합
1915년	국내 의병 항쟁 사실상 종식
1995년	홋카이도대학에서 동학농민군 두개골 발견
1996년	동학농민군 유골 한국 반환
2023년	나주에서 동학농민군 희생자 사죄비 제막

농민들의 분노, 그리고 일본군의 불법 침입

동학농민운동과 의병 항쟁은 학교 역사 수업에서도 다루는 한국 근대사의 매우 중요한 **민중운동**이자 **민족운동**입니다. 그러나 학교 교육에서는 일본이 이 운동에 어떻게 개입했는지에 대하여 구체적으로 다루지 않는 경우가 많습니다. 일본의 역사 교과서에서도 동학농민운동을 청나라와 일본이 조선을 사이에 두고 세력 다툼을 벌이는 과정에서 발생한 사건이라는 관점에서만 서술할 뿐, 일본군이 동학농민군과 의병을 무자비하게 진압한 사실에 대해서는 거의 다루지 않고 있습니다.

이 장에서는 동학농민운동과 의병 항쟁에 대하여 일본군이 어떻게 개입하고, 어떻게 진압했는지를 중심으로 살펴보고자 합니다. 이 문제는 또한 1919년 3·1운동에 대한 무력 탄압, 1923년 관동대지진 당시 조선인을 학살한 사건과도 결코 무관하지 않다는 사실을 기억할 필요가 있습니다.

1880년대 조선은 지배층의 부패와 봉건 수탈이 심화되고 있었고, 개항 이후의 불평등한 무역 구조는 농민들의 삶을 더욱 궁핍하게 만들고 있었습니다. 1894년 전라도 고부에서 발생한 **농민봉기**는 이러한 사회적 모순이 누적된 결과였습니다. 특히 1892년 고부 군수로 부임한 조병갑의 각종 비리와 가혹한 수탈이 직접적인 도화선이 되었습니다.

농민들은 전라감영에 탄원했지만 들어주지 않자, 1894년 1월 마침내 봉기를 일으켰습니다. 농민들은 관아를 점령한 후 조세 장부를 불태우고, 감옥에 갇혀 있던 죄 없는 백성을 석방했으며, 창고의 양곡을 농민들에게 나누어 주었습니다.

1894년 3월 새로 부임한 박원명이 농민군을 위로하며 탐관오리를 처벌하겠다고 약속하자, 농민군은 해산했습니다. 그러나 사건 수습을 위해 조정에서 파견된 이용태는 농민봉기를 '동학도의 반란'으로 규정하고 관련자들을 역적죄로 처벌했습니다. 이용태의 강경한 조치에 분개한 농민은 다시 봉기를 일으켰습니다. 이것이 바로 '동학농민운동'의 시작이었습니다.

전봉준을 총대장으로 하는 약 4,000명의 농민군은 1894년 3월 23일 고부 관아를 점령하고, 4월 27일에는 전주성을 함락했습니다. 농민봉기는 전라도를 넘어 충청, 경상, 경기, 강원, 황해도까지 확산되었습니다.

사태가 확대되자 조선 정부는 농민군의 진격을 멈추게 하는 일이 시급했습니다. 이에 정부는 시간을 벌기 위해 전라감사를 통하여 농민군을 회유하는 한편, 청나라에 **군대 파견**을 요청했습니다. 청나라는 이에 응하여 5월 6일 아산만에 1,500명의 청나라군을 상륙시켰습니다. 이 출병은 일본이 **텐진 조약**을 구실로 조선에 군대를 파견하는 빌미가 되었습니다. 일본은 이를 근거로 공사관과 거류민 보호의 명분을 내세워 혼성 1개 여단, 약 8,000명의 대군을 파병했습니다. 이는 이전에 조선에 배치되었던 일본군 병력이 최대 300명의 2개 중대에 불과했던 점에 비추어 볼 때, 일본의 야심을 여실히 드러내고 있습니다. 이처럼 일본과 청나라의 외세가 개입하자 농민군은 관군과 화의를 약속하고 철수했습니다.

농민봉기가 수습되자 조선 정부는 청일 양국에 철병을 요구했지만, 양국은 이를 받아들이지 않고 대치를 계속했습니다. 특히 일본은 6월의 각료회의에서 공사관과 거류민 보호라는 처음의 명분을 바꾸어, 조선의 **내정 개혁**을 새로운 개입 명분으로 삼았습니다. 일본은 청나라와 양국이 공동으로 조선의 개혁을 지도하자고 제의

• **텐진 조약**

1884년의 갑신정변 이후 청나라와 일본이 조선에 주둔하고 있던 군대를 철수하고, 이후 조선에 파병할 때는 서로 사전에 통보하기로 합의한 조약

하고, 이를 거부하면 단독으로 단행하겠다고 밝혔습니다. 이는 청나라가 거부할 것을 예상한 책략이었습니다.

예상대로 청나라가 이를 거부하자 일본은 단독으로 조선 정부에 내정 개혁을 요구했습니다. 일본의 요구에 대하여 조선 정부는 다음과 같은 입장을 밝혔습니다.

개혁은 조선 정부가 자율적으로 실시하겠다. 반란은 진정되었으니 철군해 달라.

조선 정부가 일본의 요구를 거부하자 일본은 7월 23일 새벽 용산에 주둔하고 있던 일본군 혼성 제9여단(보병 4개 대대)을 출동시켜 **경복궁**을 포위하고 침입을 시작했습니다. 우세한 화력을 가진 일본군은 조선군 경비대와 수 시간의 총격전 끝에 궁성을 장악했습니다. 이 과정에서 33명의 조선군 사상자가 발생했습니다.

일본의 이러한 무력행사는 이미 청나라와의 전쟁을 염두에 둔 행동이었습니다. 궁성을 장악한 일본은 민씨 정권을 몰아내고 김홍집을 중심으로 친일 내각을 세워, 일본 주도로 조선의 내정 개혁을 추진했습니다. 그리고 이 친일 정권이 청나라군을 몰아내 달라고 요청했다는 명분으로 시작한 것이 **청일전쟁**이었습니다.

일본이 왕궁을 점거하고 본격적으로 내정에 간섭한다는 소식

동학농민운동 기록화. 1894년 전봉준이 이끈 봉기는 이후 의병 항쟁의 출발점이 되었다.

이 전해지자, 해산했던 동학농민군은 외세 배척을 기치로 내세우고 다시 **무장봉기**에 나섰습니다. 전봉준이 이끄는 동학농민군 제1대는 공주로, 김개남이 이끄는 제2대는 청주로 진격했습니다. 농민군의 최종 목표는 서울로 진격하여 부패한 정치 세력과 외세를 몰아내는 것이었습니다.

농민군이 다시 봉기를 일으키자 조선 정부는 일본에 진압을 요청했습니다. 일본은 이미 8월의 평양전투에서 청군을 물리친 이후 승리가 거의 확실한 상황이었습니다. 1894년 11월 말 공주 우금치에서 농민군은 관군과 일본군의 연합군과 대격전을 벌였지만, 최신 무기로 무장한 일본군에게 도저히 상대가 되지 않았습니다. 전투는 관군과 일본군의 압도적인 승리로 끝났습니다. 전봉준은 동지들과 순창에서 재기의 기회를 노렸지만, 1895년 초에 체포되어 서울로 압송된 후 처형당했습니다.

동학농민운동은 한국 근대사에서 최대 규모의 민중 운동이며, 청일전쟁의 원인이 되어 이후 국제 정세의 변화에도 커다란 영향을 미친 중요한 사건이었습니다. 다만 시민층의 성숙이 충분하지 않아 근대 시민혁명으로 발전하지는 못했습니다. 그럼에도 동학농민운동은 이후 반일 의병 항쟁의 출발점이 되었고, 그 정신은 무장 독립투쟁으로 연결되어 갔습니다.

"모조리 죽여라" 잔혹한 섬멸 작전

농민 봉기의 지도자들을 체포해 처형한 이후에도 일본은 군사 행동을 멈추지 않았습니다. 일본군의 주된 목적은 동학농민군을 샅샅이 물색하여 **섬멸**하는 것이었습니다. '섬멸'은 사전적으로는 모조리 무찔러 멸망시키는 것을 뜻하며, 군사적으로는 단순한 진압이 아니라 사람과 조직을 송두리째 제거하는 작전을 의미합니다.

당시 일본 본국의 육군 참모본부는 "동학당에 대한 처치는 엄격하게 하여야 한다. 향후 모조리 살육하라"라는 지령을 내렸습니다. 일본군은 이 지시에 따라 전국 각지로 흩어져 도망치는 동학농민군에 대한 포위 섬멸 작전을 전개했습니다.

처음부터 섬멸을 목표로 전개한 이 작전에서 일본군은 농민군을 생포한 뒤 총살하거나, 농민군의 거점 촌락을 불태웠습니다. 남원에서는 농민군의 거점인 성산과 민가를 모두 태워버렸으며, 남서부 해안 지역에서의 토벌 작전에서는 고문 후 총살하거나 태워 죽이고 마을 전체를 소각하는 등 학살은 한층 잔혹하게 전개되었습니다.

섬멸 작전의 주력부대는 보병 후비대* 제19대대였습니다. 이 부대에 소속된 도쿠시마현 출신 상등병이 남긴 **종군일지**에는 일본군이 자행한 섬멸 작전의 실태가 상세하게 기록되어 있습니다. 이 일지의 1895년 1월 기록만 보더라도, 거의 매일 동학군을 생포, 고문, 총살 또는 불에 태워 죽였다는 실태가 기록되어 있습니다.

최근 연구에 따르면 일본군의 무자비한 살육으로 동학군 3~5만 명이 사망한 것으로 추정됩니다. 반면 일본군은 4,000명이 동원되었음에도 전사자는 단 한 명에 불과했습니다.

동학농민군에 대한 일본군의 이러한 만행은 일본의 양심적인 지식인의 노력으로 100년 이상이 지난 최근에야 밝혀졌습니다. 홋카이도대학의 **이노우에 카츠오** 명예교수가 20년 이상 자료 조사와 현지답사를 통하여 일본군의 만행을 분석했습니다.

이노우에 교수의 연구에 의하면, 일본군 보병 제19대대는 '모조리 살육하라'는 본부의 지령에 따라 1894년 10월부터 공주가도, 청주가도, 대구가도를 따라 남하

• **보병 후비대**

현역 복무를 마친 병사들로 편성된 예비 전력 부대

하면서 계획적인 포위 섬멸 작전을 전개했습니다. 일본군은 최종 단계에서 전남 나주에 섬멸 본부를 설치하고, 한 달 이상 수색과 체포를 전개하여 동학군을 집단 살육하는 제노사이드(genocide)를 저질렀습니다.

일본 대학 창고에서 발견된 두개골의 진실

이노우에 교수는 원래 에도시대 말기부터 메이지유신 초기까지를 전공한 일본사 연구자로, 한국의 동학운동에 대해서는 거의 알지 못했습니다. 그러나 1995년, 이노우에 교수가 재직하고 있던 홋카이도대학의 후루가와 기념 강당 옛 창고에서 여섯 구의 두개골이 발견되면서, 그의 연구 인생은 새로운 전환점을 맞게 됩니다.

두개골은 종이 상자에 담겨 강당의 한구석에 오랫동안 방치되어 있었습니다. 대학 측은 이 두개골의 정체와 출처를 밝히기 위해 위원회를 설치했고, 이노우에 교수는 그 위원회의 위원으로 참여했습니다.

여섯 구 가운데 하나의 두개골에는 '한국 동학당 수괴의 수급'이라고 적혀 있었습니다. 한국 동학당 우두머리의 머리를 뜻합니다. 상자 안에는 '1906년 9월 20일 진도에서'라는 문구와 함께 다음과 같은 내용의 메모가 있었습니다.

> 1894년 조선 동학당이 봉기했다. 전라남도 진도는 그들이 가
> 장 극성을 부리던 곳이었다. 그들을 평정하고 돌아올 때, 그 주
> 모자를 비롯하여 수백 명을 죽여 시체가 도로 옆에 널브러져
> 있었다. 수괴자는 효수에 처했는데, 이는 그중의 하나다. 진도
> 에 시찰했을 때 채취한 것이다.

기록에는 두개골을 수집한 사람의 이름도 적혀 있었습니다. 그
는 홋카이도대학의 전신인 삿포로 농업학교 출신의 사토 세이지
로로, 1906년 통감부 산하의 목포 면화 시험장 기사로 근무하던
인물이었습니다. 사토는 진도를 시찰하던 중 두개골을 발견하고
일본으로 가져온 것이었습니다.

이노우에 교수는 이 기록을 단
서로 무언가 **숨겨진 역사**가 있다는
사실을 직감했습니다. 그리고 그는
동학농민운동이라는 전혀 새로운
분야의 연구로 들어섰습니다. 이후
자료 수집 과정에서 2011년, 그는
동학군 진압에 참여한 도쿠시마현
출신의 병사가 쓴 **종군일지**를 발견
했습니다.

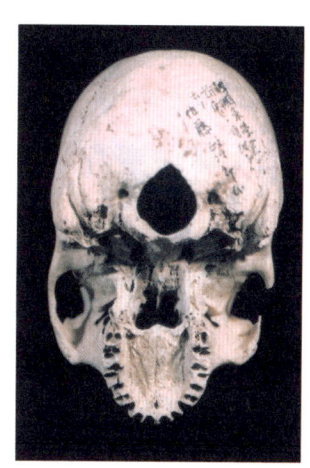

1995년에 홋카이도대학에서 발견된
두개골

이노우에 교수는 이 자료의 신빙성을 확인하기 위해 여러 차례 한국을 방문했습니다. 그리고 일지에 기록된 부대의 이동 경로와 활동 흔적을 직접 확인했습니다. 기록의 내용이 실제 지명 및 위치 관계 등과 일치하는지를 조사하고, 한국의 기존 연구 상황과 대조하면서 내용이 정확하다는 것을 검증했습니다. 이를 바탕으로 '종군일지'의 전문과 의미에 대한 해설을 정리한 두 편의 논문을 2018년에 발표했습니다.

홋카이도대학에 방치되어 있던 이른바 '동학당 수괴'의 유골은 1894년 전라남도 진도에서 처형된 30~40대의 농민군 지도자로 추정됩니다. 1995년에 이 유골이 일본의 홋카이도대학에서 발견되었다는 사실이 전해지자, 동학농민혁명기념사업회가 반환을 요구하여 1996년 국내로 돌아오게 되었습니다.

그러나 반환 이후에도 문제는 남아 있었습니다. 유전자 감식을 했지만 후손을 밝혀내지 못했고, 전주시와 진도군 사이에 유골의 귀속을 둘러싼 법정 소송까지 이어졌습니다. 그 결과 무려 23년간 전주역사박물관의 수장고에 방치되어 있었습니다. 그러다 마침내 2019년 6월 1일, 완산 7봉의 격전지에 세워진 동학혁명기념녹두관 앞에서 진혼제가 거행되었고, 유골은 그곳에 매장되었습니다.

이처럼 우여곡절을 거쳐 유골이 고국의 품에 돌아올 수 있었던 배경에는 양심적인 일본인 역사학자의 헌신적인 노력이 있었다는 점을 우리는 잊어서는 안 됩니다.

또 한 사람의 양심적 지식인

2023년 10월 30일, 동학혁명 129년을 기념하여 전남 나주 역사 공원에 '동학농민군 희생자를 기리는 사죄비'의 제막식이 열렸습니다. 이 **사죄비**는 일본군의 학살 행위에 대한 사죄의 뜻을 밝히고, 이를 통해 과거의 아픈 역사를 치유하고 상생과 평화의 교류를 이어간다는 취지로 건립되었습니다.

사죄비 건립을 이끈 중심인물은 앞서 소개한 이노우에 교수와 일본 나라여자대학의 나카츠카 아키라 명예교수였습니다. 나카츠카 교수는 2006년부터 2012년까지 17회에 걸쳐 '한일 동학 기행단'과 함께 나주 일대에서 일본군이 자행한 학살의 현장을 답사하

동학농민군 희생자를 기리는 사죄의 비

며, 사죄비 건립을 제안해 왔습니다. 여기에 나주학회와 '한일 동학 기행단'이 협력하여 사죄비가 세워졌습니다.

사죄비에는 "1895년 1월 일본군 보병 제19대대의 전원 살육 작전으로 동학농민군이 처절하게 희생되었다"라는 내용이 한국어와 일본어로 새겨져 있습니다.

2022년, 93세의 고령에도 불구하고 한국을 방문한 나카츠카 교수는 한일 관계를 어떻게 풀어야 하는가를 묻는 기자의 질문에 이렇게 답했습니다.

> 한반도 식민지 지배가 합법적이었다는 일본의 인식이 바뀌지 않는 한 이 문제는 해결될 수 없습니다. 일본은 불법적인 식민지 지배를 인정하고 사과해야 합니다.

"나라를 구하자" 붓과 칼을 든 사람들

국가가 위기에 직면했을 때 민중이 자발적으로 일어나 외적과 맞서 싸운 무장 투쟁을 의병 항쟁이라고 합니다. 역사적으로 외적의 침입이 잦았던 우리나라에서 의병 항쟁은 오랜 역사가 있습니다. 13세기 원나라 침입, 16세기 도요토미 히데요시의 침략에 이어 19세기 말 일본의 침략에도 의병은 분연히 일어났습니다. 독립운동가 박은식은 의병을 다음과 같이 정의했습니다.

국가의 위기에 즈음하여 즉시 의로써 봉기하고 정부의 명령이나 징발을 기다리지 않고 군무에 종사하여 적과 대결하는 자.

일본군은 의병의 항쟁에 대해서도 무자비한 살육을 자행했습니다. 이미 동학농민운동에서 일본군의 잔학 행위를 경험한 조선 사회에서 일본의 폭력적 지배에 대한 반발과 반감이 더욱 커졌습니다. 이러한 분노와 저항 의식이 의병 항쟁의 견인차가 되어 장기전으로 이어졌습니다.

19세기 말에서 20세기 초까지의 의병 항쟁은 크게 3기로 나눌 수 있습니다. **제1기 의병 항쟁**은 1895년의 명성황후 시해 사건과 단발령을 계기로 발생했습니다. 이 시기의 의병은 양반과 유생이 중심이 되었고, 각지의 민중이 이에 호응했습니다. 양반이 의병 항쟁을 주도한 것은 유교적 가치관에서 단발령은 인간의 도리를 저버리는 것으로 생각했기 때문입니다. 여기에 전국 각지에 남아 있던 동학농민의 일부도 가담했습니다. 충북 제천의 유인석, 강원도 춘천의 이소응, 경북 성주의 허위 등이 대표적인 의병 지도자들입니다. 이 시기 의병은 아관파천 이후 고종의 회유로 해산했습니다.

제2기 의병 항쟁은 1905년 을사늑약에 반대하여 전개되었습니다. 양반과 유생, 그리고 농민들이 가세하여 전국적인 항쟁으로 확대되었습니다. 1906년까지 전국의 60여 개 군에서 의병이 봉기했으며, 전북 태안의 최익현, 경북의 신돌석, 충남의 민종식 등이 대표적인 의병 지도자입니다. 특히 신돌석은 평민 출신으로 3,000여 명의 의병을 이끌고 경상, 강원 일대에서 유격전을 전개하면서 전과를 올려 '태백산의 호랑이'라는 명성을 얻었습니다. 이 시기 의병의 주된 공격 대상은 일본 헌병 분소, 군청, 세무서, 철도 교량 등이었습니다.

제3기 의병 항쟁은 1907년 헤이그 밀사 사건˙ 이후 고종이 강제 퇴위당하고, 대한제국 군대가 해산되면서 본격화되었습니다. 해산된 후 해직 군인들이 대거 의병에 합류하여 대규모 무장 투쟁의 성격을 띠게 됩니다.

해직 군인들이 가진 병기로 기존의 무장력이 크게 강화되었고, 일본군과 장기전을 펼칠 힘을 갖추게 되었습니다. 약 1만 명에 이르는 의병은 이인영을 총대장으로 연합 전선을 형성하고 경기도 양주에 집결하고 서울로 진격하려 했습니다. 그러나 동대문 밖에서 일본군의 강한 저항에 부딪혀 물러날 수밖에 없었습니다. 이후 의병들은 국지적으로 기습공격과 게릴라전을 전개하면서 투쟁을 계속했습니다. 이 시기 의병은 해직 군인, 노동자, 소상인, 지식

˙ 헤이그 밀사 사건

1907년 대한제국의 고종 황제가 일본의 강제 외교와 보호국화를 국제사회에 알리기 위해, 네덜란드 헤이그에서 열린 제2차 만국평화회의에 비밀리에 사절을 파견한 사건

인, 승려 등 다양한 민중층이 참여했습니다.

온 마을을 불태우다, 남한대토벌작전

1908년부터 1909년은 의병 항쟁의 절정기였으며, 특히 전라도 지역에서 가장 치열하게 전개되었습니다. 1908년 일본 군경과의 전투 횟수는 전체의 25%였으나, 1909년에는 47.3%까지 증가했습니다. 참가 의병의 수도 1908년에는 전체의 28.4%였으나, 1909년에는 60.1%에 이르렀습니다.

의병의 격렬한 저항에 대하여 일본군은 보병 2개 연대를 전라도에 집중적으로 배치하고, 1909년 9월부터 2개월간 남한대토벌작전을 전개했습니다.

일본이 주력부대를 전라도에 배치한 이유는, 당시 전라도에 진출하여 토지 매수 등 각종 사업에 종사하던 일본인들이 의병 항쟁으로 큰 타격을 입고 있었기 때문입니다. 일본은 본국 상인들의 사업 활동을 보호하고, '군대의 명목'과 '제국의 위신'을 회복한다는 명분으로 이른바 '대토벌'을 감행했습니다.

일본군은 전라도 연해 지역으로 포위망을 좁혀 가면서, 포위선의 통행을 전면 금지했습니다. 민가 한 집 한 집마다 수색해 불심검문에 응하지 않는 주민은 즉결 처형했습니다. 또한 밀정˙을 활용해

˙밀정

일본군을 위해 의병의 정보를 몰래 전달한 사람

호구조사를 실시하면서 살육과 방화·약탈을 자행했습니다. 체포한 의병은 가혹하게 고문한 후에 살해했습니다. 일본군의 두 달에 걸친 토벌 작전으로 의병장 103명과 의병 4,138명이 체포되어 학살당했습니다. 이후 의병 항쟁은 경기, 황해도, 경북, 강원으로 흩어져 산발적으로 전개되었습니다.

일본군은 1910년 8월 29일 한국병합 이후에도 토벌을 멈추지 않았습니다. 11월에서 12월까지 경북 산악지대를 포위하여 의병을 학살했고, 1911년 9월부터 11월까지 1개 여단의 병력을 투입하여 황해도 일대에서 대학살극을 벌였습니다. 살아남은 의병들은 만주, 연해주 등지로 근거지를 옮겨 항일 무장 투쟁을 계속했습니다. 이후 만주에는 홍범도, 이동휘, 연해주에서는 이범윤, 최재형 등이 독립군 세력으로 성장했습니다.

국내의 의병 항쟁은 1915년을 전후해서 완전히 종식되었습니다. 일본은 의병 항쟁을 진압한 군사력과 헌병·경찰의 배치를 그대로 유지하면서 폭력적인 식민지 지배를 이어갔습니다. 이에 대한 민중의 분노는 1919년 3·1운동으로 폭발했습니다. 끈질긴 의병 항쟁의 경험과 정신은 3·1운동 당시 지방에서의 반일 봉기에 밑거름이 되었습니다.

한 외국 기자가 기록한 조선의 참상

《조선의 비극》은 의병 항쟁이 한창이던 1907년, 영국《데일리 메일》기자 프레더릭 아서 맥켄지가 쓴 책입니다. 이 책에는 그가 의병의 전투 지역을 직접 답사하며 취재한 기록이 담겨 있습니다.

그는 경기도, 충청도, 강원도의 산악지대를 직접 다니며 의병의 활약상을 취재했고, 이를 서방 세계에 알린 유일한 서양 기자였습니다. 몇 년 전 드라마로 방영된 〈미스터 선샤인〉에도 맥켄지가 종군기자로 등장합니다. 최종회에 나오는 의병들의 모습은 맥켄지가 의병들을 인터뷰한 후에 직접 찍은 사진을 재현한 장면입니다. 이 사진은 국사 교과서에도 실려 있으며, 맥켄지는 사진에 '제천에서 원주로 넘어가면서 만난 의병들'이라는 메모를 남겼습니다.

맥켄지는 처음에는 의병을 어디서 찾을 수 있을지조차 알지 못한 채, 두 마리의 말과 한 마리의 당나귀, 네 명의 짐꾼을 데리고 의병항쟁이 자주 발생하는 지역으로 향했습니다. 서울을 벗어난 그는 시골의 평화롭고 아름다운 풍경에 매료되었지만, 머지않아 불에 탄 촌락, 황폐한 마을, 버려진 시골을 목격하게 됩니다. 맥켄지는 일본군이 집에 불을 지르지 말라고 애원하는 노인이나, 풀 깎는 낫을 갈던 젊은이를 '반란군'으로 간주하고 총살했다는 증언을 숱하게 기록했습니다. 특히 제천에서 벌어진 참상은 맥켄지

맥켄지가 찍은 의병 사진. 드라마 〈미스터 션샤인〉에서 이 모습을 재현했다.

에게 깊은 충격을 안겼습니다.

> 제천 마을 전체는 횃불로 변해 불바다가 되었다. 일본군은 파괴
> 를 목표로 마을 안의 온갖 물자를 수북이 쌓아 불을 질렀다. 그
> 결과, 이 마을에는 불상과 관아 한 채 외에는 아무것도 남지 않
> 았다.

맥켄지가 직접 목격하고 기술한 내용은 당시 일본군의 공식 문
서에서도 확인됩니다. 조선주차군사령부가 1913년에 작성한 《조
선폭도토벌지》에는 다음과 같은 내용이 있습니다.

> (사령부의 고시에 따라) 범인이 나타난 마을에도 책임을 물어 살

육을 가했다. 때로는 온 마을을 불태우는 조치를 시행하여 충북 제천 지방과 같은 곳은 대부분 초토화되기에 이르렀다.

맥켄지는 의병을 직접 만나 인터뷰도 했습니다. 이때 한 의병 장교는 그에게 이렇게 말했습니다.

우리는 죽을 수밖에 없잖아요. 그래도 괜찮아요. 일본의 노예로 사는 것보다는 자유로운 인간으로 죽는 게 훨씬 낫죠.

의병들은 청일전쟁과 러일전쟁에서 승리하면서 최강의 군사력을 자랑하던 일제의 총칼 앞에서도 목숨을 걸고 결사항전을 벌였습니다. '의(義)'를 위해 싸우는 이들의 정신은 이후 국내외에서 전개된 항일 독립운동의 원동력이 되었습니다.

총을 들지 않은 사람들의 죽음

일본군의 의병 학살은 1911년까지 계속되었습니다. 1913년 조선 주차군사령부가 작성한 《조선폭도토벌지》에 의하면, 일본군은 1907년부터 1910년까지 총 2,819회에 걸쳐 의병과 전투를 벌였고, 이 과정에서 1만 7,000여 명의 의병이 전사했습니다. 특히 전투가 가장 치열했던 1908년부터 1909년까지는 1,451회의 전투에서 1만 1,000여 명의 의병이 학살되었습니다. 이에 비하여 일본군 전사자는 136명에 불과했다는 것은 얼마나 일방적인 전투였는지를 말해주고 있습니다.

물론 이 통계에 포함되지 않은 민간인 희생자도 많았습니다. 일본군이 작성한 《조선폭도토벌지》에는 의병 토벌 과정에서의 민간인 피해를 간접적으로 인정하는 대목이 등장합니다. 이 문서는 의병에게 희생당한 일본인에 대해서 "한반도에 사는 일본인이 폭도에게 학살당한 수는 토벌대 전사자의 몇 배에 달한다"고 기록하는 한편, "조선인의 손해는 그 정확한 수를 알 수 없지만, 일본인의 피해에 비해 몇 배에 달할 것"이라고 덧붙이고 있습니다. 이는 일본군 스스로도 의병 토벌 과정에서 수많은 민간인이 희생되었음을 인정한 기록이라 할 수 있습니다.

과연 이러한 사실을 오늘날 일본인은 얼마나 알고 있을까요? 또한 오늘날 한국의 젊은이들은 이 사실을 제대로 배우고 있을까요?

- 내가 만약 당시 농민이었다면, 가족의 생계가 달린 상황에서 싸움에 나설 수 있었을까요?

- 일본군이 '토벌'이 아니라 '섬멸'이라는 말을 쓴 이유는 무엇이었을까요? 이 단어가 사람을 어떻게 보이게 만드는지도 함께 생각해 봐요.

- 의병과 농민군을 기록한 사진이나 기사를 찾아보고, "이 사람은 왜 위험을 감수하고 기록을 남겼을까?"를 생각해 봐요.

3장

강제로 빼앗긴 나라, 거리로 쏟아져 나온 함성

1904년	러일전쟁 발발 한일의정서 체결 제1차 한일협약 체결
1905년	가쓰라태프트 밀약 제2차 한일협약(을사늑약) 체결
1907년	헤이그 밀사 사건 발생 제3차 한일협약 체결 고종 강제 퇴위 대한제국 군대 해산
1909년	기유각서 체결로 사법권 박탈 '남한대토벌작전' 실시 일본군의 대규모 의병 학살
1910년	경술국치(한국병합)
1919년	대한민국임시정부 수립 3·1운동 전개 제암리 학살사건 발생
1920년	해외 독립운동 확산 무장 독립투쟁 본격화
2010년	'한국병합 100년 한일 지식인 공동성명' 발표

외교권을 박탈당한 그날, 을사늑약

2010년 5월 10일 일본 도쿄에서 발표된 '한국병합 100년 한일 지식인 공동성명'에서는 한국병합의 부당성을 다음과 같이 호소하고 있습니다.

한국병합은 대한제국의 황제와 민중을 포함한 모든 사람의 격렬한 저항을 군대의 힘으로 짓누르고 실현한, 문자 그대로 제국주의 행위이며, 불의·부정한 행위였다. (…) 병합의 역사에 관하여, 지금까지 밝혀진 사실과 왜곡 없는 인식에서 뒤돌아보면 이미 일본 측의 해석을 유지할 수 없게 되었다. 한국병합 조약 등은 원래 불의 부당한 것이었다. 그런 의미에서 처음부터 '무효'였다고 하는 한국 측의 해석은 공통된 견해로 받아들여져야 할 것이다.

이 성명에는 일본에서도 노벨 문학상 수상 작가 오에 겐자부로를 비롯하여, 저명한 역사학자, 정치학자, 철학자 등의 105명이 이름을 올렸습니다. 이는 일본 사회 내부에서도 한국병합이 불의하고 부당한 행위였다는 인식이 존재함을 보여 줍니다.

이제부터는 이러한 문제의식을 바탕으로, 일본이 어떻게 불의하고 부당한 방식으로 한국을 병합했는지를 구체적으로 살펴보겠습니다.

일본은 1904년 2월 23일 러일전쟁 발발을 구실로 1개 사단의 병력을 한반도에 배치하고, 군사력을 배경으로 한일의정서를 강요했습니다. 그 주된 내용은 한국에서 일본의 자유로운 군사행동과 필요한 토지의 사용을 승인하도록 하는 것이었습니다. 이로써 한국의 실질적인 보호국화는 이미 이때 시작되었다고 할 수 있습니다. 덧붙여 말하자면, '한일의정서'가 체결되는 바로 하루 전날인 2월 22일, 일본은 독도를 다케시마라는 이름으로 시마네현에 일방적으로 편입시켰습니다.

일본은 러일전쟁이 유리하게 전개되자 한국을 침략하기 위한 구체적인 정책을 추진했습니다. 1904년 8월 22일, 대한제국에 '제1차 한일협약'을 강요하여 고문정치를 실시하고, 한국의 외교권과 재정권을 사실상 박탈했습니다. 이 과정에서 경찰·군부·궁내부 고문을 모두 일본인으로 교체했습니다.

한국의 식민지화가 진행되는 과정에서 약육강식을 바탕으로 한 제국주의 국가들의 협력 관계도 노골적으로 드러났습니다. 1905년 7월, 일본 총리 가쓰라 다로와 미국의 육군 장관 윌리엄 태프트는 **가쓰라·태프트 밀약**을 맺어 필리핀과 조선에 대한 양국의 지배권을 상호 인정했습니다. 일본은 미국의 필리핀 지배를, 미국은 일본의 조선 지배를 서로 인정한 것입니다. 다음 달인 8월에는 제2차 영일동맹을 맺어 한국에 대한 일본의 권리를 영국으로부터 인정받았습니다. 이후 독일과 프랑스도 동아시아에서 일본의 우위를 인정했습니다. 러일전쟁에서 패배한 러시아도 포츠머스 강화조약에서 일본의 대한제국에 대한 지배권을 인정했습니다.

제국주의 열강으로부터 외교적 승인을 받은 일본은 이를 발판으로 1905년 11월부터 한국을 보호국으로 만들기 위한 구체적인 실행에 들어갔습니다.

11월 17일, **한국 주차군**이 궁성을 에워싸고 경계 태세를 강화한 가운데, 이토 히로부미는 하세가와 요시미치 주차군 사령관과 무장한 50여 명의 헌병을 데리고 왕궁으로 들어가 고종과 대신들을 위협했습니다. 그러고 나서 이른바 **을사오적**을 앞세워 '제2차 한일협약'을

- **한국 주차군**

  한국을 무력 지배하기 위해 1904년 창설된 일본의 군부대

- **을사오적**

  을사늑약 체결에 동의한 다섯 내각 대신. 이완용, 박제순, 이지용, 권중현, 이근택. 일본의 군사적 압력 속에서 체결된 협약을 정당화하는 데 앞장섰다.

강요했습니다.

일본에서는 이를 '일한협약', 또는 '한국보호조약'이라고 하지만, 우리나라에서는 을사년에 일제의 강제로 맺어진 조약이라는 의미에서 **을사늑약**이라고 하죠. 날씨나 분위기가 쓸쓸하고 스산할 때 쓰는 '을씨년스럽다'라는 표현은 바로 이 '을사년'에 국권을 빼앗긴 설움을 표현한 말입니다. '을사조약'이라고도 하지만, 강제로 맺은 조약이기 때문에 '늑약'이라는 표현이 더 정확합니다.

한국의 보호국화가 진행되는 동안 전국적으로 항일 의병 투쟁이 전개되었지만, 일본 정부는 군대를 파견하여 이를 무력으로 탄압했습니다. 통감부는 1907년 7월 **보안법**을 공포하여 정치 결사와 집회를 모두 금지했습니다. 보안법은 일제에 대한 저항운동을 탄압하기 위해 제정된 것으로 한국병합 후에는 독립운동가들을 탄압하는 악법으로 기능했습니다.

이어 1908년 8월에는 **사립학교령**을 공포하여 저항운동의 기반이던 민족교육과 애국주의 교육을 탄압했습니다. 그리고 1909년 2월에는 신문지법, 출판법을 발포하여 **언론 출판의 자유**까지 억압했습니다. 이제 한국병합은 시간문제가 된 것입니다.

경술국치, 나라가 사라진 날

1909년 7월 6일 일본 각의는 "적당한 시기에 한국병합을 단행한다"라는 방침을 결정했습니다. 그러나 의병 항쟁으로 상징되는 한국 민중의 지속적인 무장 저항이 이어지고 있었기 때문에, 일본으로서는 병합을 즉각 실행하기 어려운 상황이었습니다. 이러한 상황에서 10월 26일 하얼빈역에서 **안중근**이 이토 히로부미를 암살했습니다. 안중근은 국권 회복을 위한 결단으로 이토를 처단했지만, 결과적으로 이 사건은 일본이 한국병합 시기를 서두르는 계기가 되었습니다.

1910년 5월 30일, 병합 촉진을 주장하던 육군 대신 데라우치 마사다케가 제3대 통감으로 부임한 것은, 의병 항쟁을 조속히 진압하고 병합을 실현하기 위한 포석이었습니다.

이어 1910년 6월 3일, 일본 각의는 '병합 후 한국에 대한 시정 방침'을 결정했습니다. 이 방침에 따라 조선 총독은 법률에 관한 법령과 율령을 자유롭게 내릴 수 있는 권한을 부여받았습니다. 이로써 조선 총독은 육해군의 통솔자임과 동시에 헌병·경찰의 최고 권력자로서 입법권을 장악하는 존재가 되었습니다. 이는 곧 식민지 조선에 대한 가혹한 **무단통치**를 예고하는 조치였습니다.

데라우치는 8월 22일 한국 주차군을 수도 서울에 집중시킨 후 내각총리대신 이완용과 **한국병합에 관한 조약**에 조인했습니다. 조약의 제1조의 내용은 다음과 같습니다.

한국 황제 폐하는 한국 전부에 관한 모든 통치권을 완전하고
도 영구히 일본국 천황폐하에게 양도한다.

이 문장은 마치 한국 측이 자발적으로 병합을 원하는 것처럼
표현하고 있습니다.

친일 단체들은 이러한 분위기를 연출하는 데 앞장섰습니다. 당
시 대표적인 친일 단체였던 일진회는 1909년 '합방 청원서'를 제
출하며 한국병합을 요구하고 찬양했습니다. 1904년 송병준과 이
용구를 중심으로 조직된 '일진회'는 통감부의 배후 조종 아래 일
제의 침략과 병합을 돕는 역할을 했습니다. '일진회'라는 이름은
'조선과 일본이 하나로 나가는 모임'이라는 뜻으로 지은 것입니다.

'일진회'는 병합을 지지하는 여론이 한국 사회 전반에 퍼져 있
는 것처럼 선전했지만, 실은 송병준과 이용구와 같은 소수의 매국
노들이 개인적인 욕심을 채우기 위해 일본의 막대한 자금과 지원
을 받으면서 친일 행각을 벌인 단체에 불과했습니다.

조약의 내용은 8월 29일, 한일 양국에서 동시에 공포되어 신
문에도 보도되었습니다. 당시 조약의 공식 명칭은 '한국병합에 관
한 조약'이지만, 한국에서는 '국권피탈', '한일병탄', '경술국치' 등
으로도 부르고 있습니다. 모두 일본의 강제성을 강조하는 의미를
담고 있는 표현입니다. 특히 경술국치란 '경술년에 국권을 상실한

국가의 치욕'이라는 의미로, 그 역사적 현장은 오늘날 서울의 남산 자락에 흔적으로 남아 있습니다.

남산에 숨겨진 '치욕의 역사'를 찾아서

서울 지하철 4호선 명동역 1번 출구에서 남산예장공원 쪽으로 돌아가면 일제강점기의 통감 관저 터가 남아 있습니다. 이곳은 1926년 광화문에 조선총독부 청사가 세워지기 전까지 일본의 통감과 총독이 이용하던 관저가 있던 자리입니다.

이 관저는 광복 후 중앙정보부가 들어서면서, 오랫동안 서슬 퍼런 독재 권력의 상징적 공간이 되었습니다. 그 결과 일반인들에게는 불길하고 쳐다보기도 싫은 곳이 되어 버렸습니다. 영화 〈남산의 부장들〉의 무대가 된 곳이기도 하죠. 1990년대 이후 민주화가 진전되면서 중앙정보부와 안기부가 철수하고 빈터로 남게 되었는데, 서울시가 2010년대에 들어 이 부지를 정비해 공원을 조성하고, 국치길과 국치터라는 안내판을 세웠습니다.

안내판을 지나 짧게 조성된 '국치길'을 따라가면 '통감 관저 터'가 나옵니다. 민족문제연구소는 2010년 '경술국치' 100년을 맞아, 여기에 통감 관저가 있었다는 것을 확인하고 '통감 관저 터'라는 표석을 세웠습니다. 표석의 전면에는 다음과 같은 문구가 새겨져 있습니다.

서울 명동 인근 일제강점기 통감 관저 터에 있는 안내판과 거꾸로 세운 동상

일제 침략기 통감 관저가 있던 곳으로 1910년 8월 22일 3대
통감 데라우치 마사다케와 총리대신 이완용이 '강제병합' 조
약에 조인한 경술국치의 현장이다.

국치터에는 또 하나 눈길을 끄는 조형물이 있습니다. 이른바
'거꾸로 세운 동상'입니다. 동상의 주인공은 을사늑약 당시 주한
일본 공사였던 하야시 곤스케입니다. 동상에는 다음과 같은 설명
이 적혀 있습니다.

고종과 대신들을 겁박하여 을사늑약을 강요하는 등 병탄의 발
판을 닦은 자. 일제는 그 공으로 남작 작위를 내리고 대한제국
이 국치를 당한 이곳 한국 통감 관저에 동상을 세웠다. 광복 70

주년을 맞아 흩어진 동상 잔해를 모아 거꾸로 세워 욕스러움을 기린다.

소심한 분풀이처럼 보일 수도 있을 것입니다. 그러나 국가의 부끄러운 역사라고 해서 감추어서는 안 됩니다. 국치의 현장은 과거의 비극을 기억하는 장소이자, 한국병합 이후 조선 사회가 어떤 현실에 놓였는지를 돌아보게 하는 출발점입니다.

미국 대통령 윌슨은 과연 우리 편이었을까

1917년 러시아혁명과 1918년 미국 대통령 윌슨의 **민족 자결주의**와 같은 국제 정세의 변화는 조선총독부의 '무단통치' 하에서 허덕이고 있던 조선 사회에도 영향을 미쳐, 3·1운동을 전개하는 데 커다란 원동력이 되었습니다.

그러나 당시 제국주의 국가가 말하는 민족 자결주의는 식민지 지배를 받던 민족이 바라는 것과는 전혀 달랐습니다. 제1차 세계대전이 끝난 후 1919년 1월 18일에 프랑스에서 열린 **파리 강화 회의**는 러시아혁명의 확산을 막고, 독일에 대한 안전보장을 확보한다는 목적 아래, 동유럽의 민족 자결을 구상한 회의였습니다. 이 과정에서 논의된 민족 자결은 주로 동유럽 지역에 한정된 것이었으며, 유럽 이외 지역의 민족 자결은 적용되지 않았습니다.

특히 윌슨 대통령이 말한 '민족 자결'은 자치 능력이 있는 문명 민족에 한해서, 그 민족의 독립이 미국에 유익하다고 판단될 때 승인할 수 있다는 제한적인 원칙이었습니다. 따라서 3·1운동을 통해서 미국이 조선의 독립을 승인한다는 것은 기대할 수 없었습니다.

미국의 시각에서 조선 문제는 기본적으로 일본의 '국내문제'였으며, 미국이 관여할 사안이 아니었습니다. 그럼에도 미국의 본심을 알 리가 없는 조선 사회는 윌슨의 민족 자결에 자극을 받았습니다. 이 기대는 3·1운동에도 영향을 미쳤습니다.

"대한 독립 만세!" 전국을 뒤흔든 외침

3·1운동이 일어난 배경에는 크게 세 가지 요인이 있었습니다. 첫째는 일본의 무단통치에 대한 불만과 독립에 대한 갈망, 둘째는 고종 황제의 죽음, 셋째는 윌슨의 민족자결주의에 대한 지나친 기대였습니다.

1919년 1월 22일 고종이 사망하자, 민족의식에 불이 붙으면서 3·1운동에 중요한 기폭제가 되었습니다. 고종의 죽음을 두고 왕세자 영친왕과 일본 황족과의 결혼에 분개하여 독약을 마시고 자결했다거나, 매국노에게 독살당했다는 등의 갖가지 소문이 떠돌았습니다. 총독부는 사망 원인을 뇌일혈이라고 발표했지만, 조선 사회 전체가 커다란 슬픔에 휩싸였고 이를 쉽게 받아들이지 않았습니다. 20만 명이 넘는 인파가 서울로 몰려 애도했으며, 전국에서도 망곡식(望哭式)이 이어졌습니다.

고종의 죽음과 윌슨의 민족자결주의에 대한 기대가 합쳐져 종교인과 지식인들 사이에서 구체적인 움직임이 시작되었습니다. 먼저 도쿄 유학생 600여 명이 2월 8일, 도쿄 간다의 YMCA회관에 모여 이광수*가 기초한 **독립선언서**를 발표했습니다. 이것이 2·8 독립선언입니다.

한국에서는 2월 25일 열린 회합에서 3월 1일 파고다 공원(현재 탑골 공원)에서 독립선언을 발표하기로 하고 민족 대표 선정에 들어갔습니다. 이것은 3월 3일 예정된 고종의 국장을 보기 위해 전국에서 많은 사람들이 서울로 모일 것을 예측하고 결정한 일이었습니다.

3월 1일, 독립선언서에 서명한 민족 대표 33인 가운데 29명이 인사동 명월관 지점 태화관에 모여 오후 2시를 기하여 **독립선언서**를 낭독했습니다. 이후 곧바로 주위를 포위하고 있던 관헌에 자수했습니다. 이렇게 민족 대표들의 독립 선언은 한순간에 끝나 버렸지만, 파고다 공원에서 대표들을 기다리던 학생들이 중심이 되어 본격적인 시위가 시작되었습니다. 이들은 독립선언문을 낭독한 후 태극기를 들고 '독립 만세'를 외쳤습니다.

• **이광수**

애국계몽운동가로서의 공로가 있으나, 후일 친일파로 변절

덕수궁 앞 만세 시위 현장

　이 시위는 서울, 부산, 평양 등의 도시에서 거의 동시에 발생하여 3월 10일 무렵에는 거의 전국으로 퍼져 나갔습니다. 독립선언서는 수십만 부 이상 인쇄되었고, 종교단체와 사립학교 학생들이 그 전달과 시위 확산에 중요한 역할을 했습니다.

　당시 평양고보에 재학 중이던 함석헌˙은 전날 밤에 숭실학교 지하실에서 받은 독립선언서를 이튿날 평양경찰서 앞에서 뿌리고 시위에 참여했습니다. 그 후 함석헌은 학교에서 퇴학당했습니다.

　사용이 금지된 태극기를 들고 시위의 선두에서 활약하던 유관순은 체포되어 옥고를 치르다 옥사했습니다. 일부 지역에서 경찰서와 헌병 주재소, 군, 면사무소를 습

˙ 함석헌

독립운동가. 해방 후에는 재야 사회운동가로서 비폭력 인권 운동 전개로 유명

격하는 사례도 있었지만, 이는 예외적인 경우였습니다. 시위는 태극기를 흔들면서 비무장·비폭력 원칙을 지켰습니다.

이에 대해 조선총독부는 군대와 경찰을 총동원하여 무력으로 진압했습니다. 일본 본국에서는 내각 회의에서 육군 6개 대대의 파견을 결정했습니다. 이는 조선 주차군의 병력만으로는 수습할 수 없다고 판단했기 때문입니다. 동학농민군 토벌 당시에 1개 대대가 파견된 것과 비교하면, 3·1운동의 규모가 얼마나 컸는지 알 수 있습니다.

일본은 3·1운동을 어떻게 진압했을까

일본은 3·1운동이 당시 유럽에서 열리고 있던 파리 강화 회의에서 국제적 문제로 비화할 가능성을 우려했습니다. 이에 일본 정부는 본국의 군대를 신속히 추가 파견하는 한편, 3월 11일에는 조선 총독에게 다음과 같은 지시를 내렸습니다.

이번 사건은 국내외에 매우 **경미한 문제**로 처리할 필요가 있다. 그러나 실제로는 엄중하게 조치하여 다시 발생하지 않도록 하라. 다만 외국에서는 이 사건에 매우 주목하고 있으니 잔혹하게 진압했다는 비판을 초래하지 않도록 충분히 주의하라.

이 지시에는 자신들의 무자비한 진압 과정이 서양 언론에 알려질까 봐 눈치를 보던 일본 정부의 속마음이 그대로 담겨 있습니다. **경미한 문제**로 치부하려는 정부의 태도는 외국을 향한 것만은 아니었습니다. 일본의 언론도 3·1운동의 본질을 제대로 보도하지 않았습니다.

대부분의 언론은 '폭도', '폭동'이라는 표현으로 머리기사를 장식했습니다. 또는 '폭동'은 외국인 선교사의 선동에 의한 것이며, 조선인이 자발적으로 일으킨 것이 아니라거나, 일본의 은혜를 원수로 갚는 배은망덕한 '폭동'이라며 철저한 탄압을 요구하기도 했습니다.

당시 일본의 지식인이자 양심적인 기독교인으로서 러일전쟁을 반대한 이력을 가진 우치무라 간조도 미국인 친구에게 보낸 편지에서 "미국에서 문제 삼고 있는 3·1운동 탄압에 대한 대부분의 잔학 사건은 하찮은 날조에 불과하다고 저는 확실히 믿습니다"라고 했습니다.

일제의 무력 진압으로 수많은 희생자가 나왔습니다. 독립운동가 박은식의 **《한국독립운동지혈사》**에 따르면, 3월 1일부터 5월 말까지 202만 명의 조선인이 운동에 참여했으며, 사망자는 7,509명, 부상자는 1만

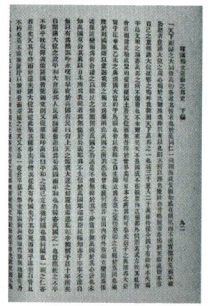

독립운동가 박은식이 쓴
《한국독립운동지혈사》

5,961명, 체포자가 4만 6,000여 명에 달했다고 합니다. 또 민가 715채, 교회 47개소가 파괴되었습니다.

반면 일본 정부는 사망자가 350~630명, 부상자는 800~1,900명으로 발표했고, 일본인 헌병 6명, 경관 2명이 사망했다고 밝혔습니다. 조선총독부는 희생자의 수를 축소하여 3·1운동을 '경미한 문제'로 만들려고 했던 것입니다. 그러나 최근 일본인 학자들의 연구에서 밝혀진 희생자 수도 박은식의 기록과 크게 다르지 않습니다.

잊지 말아야 할 제암리의 비극

일본은 3·1운동 진압을 위해 본국에서 군대를 추가로 파견했고, 이 부대는 4월 10일부터 13일 사이에 한반도에 상륙했습니다. 제암리 학살 사건은 그 직후인 4월 13일에 발생한 사건으로, 3·1운동을 진압하는 과정에서 일본군의 만행을 상징적으로 전해주는 사건입니다.

서울에서 시작된 만세 시위 소식이 전국으로 전해지자, 경기도 수원군 향남면(현 화성시 향남읍) 제암리 인근의 개신교와 천도교, 유학자 지도자들도 만세 시위를 계획했습니다. 그 결과 3월 30일, 제암리 인근 주민 약 1,000여 명이 제암리 발안 장터에서 만세 시위를 전개했습니다. 시위대가 순사 주재소로 다가오자 출동한 헌병들이 칼을 마구 휘둘러 2명이 사망했고, 시위 주도자들은 체포되어 고문당한 후 석방되었습니다. 이에 격분한 주민들은 인근의 일본인 주택과 학교에 불을 질렀습니다.

이틀이 지난 4월 2일, 일본의 군경 합동부대가 과격 시위에 참여한 주민들을 색출한다는 명분으로 마을을 습격하여 불태우고 주민들을 검거하기 시작했습니다. 일본 군경의 폭압에 제암리 주민들은 더욱 격앙되어 4월 3일과 4월 5일에도 만세 시위가 이어졌습니다.

사태가 좀처럼 진정되지 않자 일본은 4월 13일, **아리타 도시오 헌병 중위**가 지휘하는 부대를 제암리로 파견했습니다. 아리타 중위는 "시위 진압 과정에서 심한 매질을 한 것을 사과하러 왔다"라는 거짓말로 마을의 15세 이상 남자들을 모두 교회에 모이게 했습니다.

일본군은 이들을 교회에 가두고 창과 문을 닫은 후 석유를 뿌려 불을 질렀습니다. 벽을 부수고 달아나려는 사람들은 사살하고, 남편이 걱정되어 달려온 아내들까지 총에 맞아 쓰러졌습니다. 때마침 강한 바람이 불어 마을은 순식간에 화염에 휩싸였습니다.

• **야소**
예수의 일본식 발음

학살을 주도한 아리타 중위는 군사령부에 "제암리 마을의 야소˙교도, 천도교도 30여 명을 야소 교회당 안에 집합시켜 몇 가지 문답 끝에 그 32명을 죽이고,

교회와 민가 20여 채를 불태웠다"라고 보고했습니다.

총독부와 군 간부들은 이 사건이 외신에 알려지는 것을 우려해 방화와 학살의 사실을 부인했고, 아리타 중위는 근신 30일의 처분만 받았습니다. 이 사건은 오늘날까지도 일본 사회에는 거의 알려지지 않고 있습니다.

이 사건은 제암리라는 한 마을에 국한된 문제가 아니라, 3·1운동 진압 과정에서 자행된 일본군의 폭력이 어떻게 은폐되고 망각되어 왔는지를 보여주는 대표적 사례입니다.

푸른 눈의 독립운동가, 스코필드 박사

한국 이름 **석호필**로 알려진 영국 출신의 캐나다인 **프랭크 스코필드 박사**는 우리가 잊어서는 안 될 독립운동가입니다. 그는 3·1운동에 대한 일제의 잔혹한 진압을 세계에 알려 '34번째 민족 대표'로도 불리는 인물입니다.

1916년 11월 아내와 함께 한국에 온 스코필드는 석호필이라는 한국식 이름부터 지었습니다. 이름은 돌과 같은 굳은 의지, 호랑이같이 무서운 사람, 그리고 한국인에게 필요한 사람이 되겠다는 의지가 담겨 있었습니다.

3·1운동 전날 저녁, 세브란스 의학교 제약 주임이자 민족 대표 33인 중의 한 사람인 이갑성은 세브란스 의학교 교수로 있던 스코

필드를 찾아가 거사 계획을 설명하고, 현장 사진을 기록으로 남겨 달라고 부탁했습니다. 또 독립선언문을 영어로 번역해 미국 백악관에 보내 달라고 요청했습니다. 한국의 독립을 지지하던 스코필드는 3월 1일 자전거를 타고 파고다 공원으로 가서 만세 부르는 모습을 카메라에 담기 시작했습니다. 이어서 대한문, 왜성대, 숭례문, 서울역까지 군중을 따라가면서 역사적인 현장을 촬영했습니다. 오늘날 남아 있는 3·1운동 현장 사진의 상당수는 스코필드가 찍은 것입니다. 스코필드는 보고 들은 것들을 사진과 함께 외국신문에 기고했습니다.

　　스코필드는 제암리 학살 사건의 현장도 사진으로 남겼을 뿐만 아니라, 제암리 대학살이란 제목으로 중국 상하이에서 발행되

스코필드가 찍은 제암리 사건의 현장

던 《상하이 가제트》에 사진을 게재했습니다. 스코필드는 이후에도 각국 언론에 일제의 만행을 고발하는 글을 계속해서 실었습니다.

스코필드는 일제에게 눈엣가시 같은 존재일 수밖에 없었습니다. 당시 일본은 영국과 동맹을 맺고 있었기 때문에 영국계 캐나다인인 스코필드를 직접 추방할 수 없었습니다. 대신 세브란스 의학교에 직간접적인 압력을 넣어 스코필드에게 귀국을 종용했고, 스코필드는 결국 계약을 연장하지 못하고 1920년 4월 캐나다로 돌아갈 수밖에 없었습니다. 이후 38년이 지난 1958년 8월, 스코필드는 국빈 자격으로 한국에 다시 왔습니다.

스코필드는 1970년, 81세로 영면할 때까지 서울대 수의대 교수로 재직하면서 고아원과 직업학교를 돕는 봉사활동에도 열성

1958년, 프랭크 스코필드 박사 환영회

적으로 참여했습니다. 그는 1968년 건국훈장 독립장을 받았으며, 그의 유골은 한국 땅에 묻어 달라는 유언에 따라 국립현충원 애국지사 묘역에 안장되었습니다. 묘비에는 "캐나다인으로 우리 겨레의 자주독립을 위하여 생애를 바치신 거룩한 스코필드 박사 여기에 고요히 잠드시다"라는 글이 새겨져 있습니다.

3·1운동은 무엇을 바꾸었을까

독립 만세운동은 4월 상순에 이르기까지 전국적으로 확산되었습니다. 운동이 절정에 달한 4월 1일에는 하루에만 67회의 시위가 발생했을 정도였습니다. 3·1운동은 지역, 종교, 직업, 연령, 성별을 초월한 그야말로 민족 전체의 결기였다고 할 수 있습니다.

2019년 3·1운동 100주년을 계기로 국사편찬위원회에서 만든 데이터베이스에 따르면, 시위 참가자는 **최대 100만 명**, 사망자는 약 900명으로 추산됩니다. 이는 시위 사건만 추린 것이기 때문에 지금까지 알려졌던 사망자 수 7,600명과는 큰 차이를 보이는 수치이지만, 연구가 심화되면 수치는 더욱 증가할 것으로 예상됩니다.

최근의 연구에서는 3·1운동을 민족주의 일색으로 평가해 온 기존 시각을 비판하거나, 민족 대표와 일반 민중과의 의식 차이를 강조하는 견해도 있습니다. 그러나 이러한 차이에도 불구하고 독립을 향한 뜨거운 열망으로 대규모의 행동이 전국적으로 전개되었다는 사실 자체가 무엇보다 중요한 의미를 지닙니다.

그런 점에서 3·1운동은 이제까지 국내외에서 개별적으로 전개된 민족운동을 넘어서, 상호연대로 총결집함으로써 한국 민족운동사에 신기원을 열었다는 커다란 의미를 갖습니다.

이러한 민족운동의 열기를 모아 1919년 4월 중국 상하이에 대한민국임시정부가 수립되었습니다. 같은 시기에 블라디보스토크와 서울에서도 임시정부가 따로 수립되었지만, 상하이의 **임시정부**를 중심으로 통합 운동이 전개되어 11월에는 단일 정부가 출범했습니다.

또한 3·1운동은 대외적으로 한국인의 자주독립 의지와 역량을 세계에 알리는 계기가 되었습니다. 특히 이 운동은 중국 지식인 사회에 큰 자극을 주어, 일본의 침략에 맞서 국가 주권을 지키려는 움직임인 5·4운동에도 영향을 미쳤습니다. 당시 베이징 대학 교수였던 첸두슈는 3·1운동에 대해 다음과 같이 평가했습니다.

무력이 아닌 민의에 의하여 세계 혁명사의 신기원을 열었다. 우리는 무기도 없이 맨손으로 일어난 조선인과 비교하면 부끄러워 몸 둘 바를 모르겠다! 조선 민중의 영광을 생각하면서 우리 중국 민족의 부진에 대하여 굴욕을 느끼지 않을 수 없다.

첸두슈는 '국민성의 개조'를 주창한 신문화운동의 중심인물이었습니다. 당시 베이징대학 학생회 간부 푸쓰녠도 3·1운동에 큰 감명을 받고 5·4운동에서 톈안먼 시위를 주도하는 학생 지도부의 일원이 되었습니다. 이처럼 3·1운동은 제1차 세계대전 이후 최초이자 최대 규모의 반제국주의 민족해방 운동으로서, 아시아의 반식민지 민족운동에 큰 영향을 미쳤습니다.

- 을사늑약과 한국병합은 군대의 위협 속에서 강제로 맺어졌습니다. 친구가 주먹을 쥐고 위협해서 억지로 쓴 각서나 계약서가 있다면, 우리는 그것을 인정해야 할까요?

....

....

....

- 총과 칼 앞에서 맨손으로 만세를 외친 사람들. 내가 그 자리에 있었다면 소리를 낼 수 있었을까요?

....

....

....

- 3·1운동 당시의 만세 사진이나 선언문 일부를 읽고, 그 속에서 가장 마음에 남는 한 문장을 골라 적어 봐요.

....

....

....

4장

관동대지진은
어떻게
학살로 번졌을까

1923년 9월 1일 · 관동대지진 발생

1923년 9월 2일 · 계엄령 공포·관동계엄사령부 설치

1923년 9월 4일 · 계엄사령부, 자경단과 민간인의 무기 휴대
금지 명령에도 불구하고 학살 계속

1923년 9월 10일 · 지바현 나라시노 수용소에
조선인 3,200명 수용

1923년 9월 11일 · 일본 정부, 조선인 학살에 대한 대응 방침 결정
(책임을 자경단에 전가)

1923년 9월 16일 · 조선인 학살 관련 극비 문서 하달
('불령선인' 범죄를 선전, 가해자 정상참작 방침 명시)

1923년 10월 19일 · 혼란 수습 및 피난민 석방
나라시노 수용소 수용 조선인 2,867명으로 감소
(약 300명 이상 행방불명)

불타는 도쿄 한복판, 숨겨진 또 다른 참사

1923년 9월 1일 오전 11시 58분 44초, 규모 7.9의 직하형 대지진이 일본의 관동 지역 일대를 강타했습니다. 관동 지역은 도쿄와 요코하마를 중심으로 한 수도권을 말합니다.

당시 일본의 도심은 목조건물이 밀집되어 있었고, 때마침 점심 식사 준비로 불을 피우는 가옥이 많았기 때문에 지진 발생으로 곳곳에서 화재가 발생했습니다. 게다가 서일본에서 발생한 태풍이 동쪽으로 이동하며 강풍이 불어와 화재는 걷잡을 수 없는 상태에 빠졌습니다. 도쿄에서 150km 이상 떨어진 가루이자와에서도 새빨갛게 불타는 도쿄 상공이 보였다고 할 정도였습니다.

관동대지진은 2011년 3월 11일 규모 9.1의 동일본대지진이 발생할 때까지는 기록상으로 일본 최대의 자연재해였습니다. 동일본대지진에서의 희생자는 약 2만 2,000명이지만, 관동대지진의 희생자는 행방불명자를 포함하여 10만 5,000명이 넘습니다. 진원지가 가까운 요코하마의 피해는 더욱 심각했습니다. 당시 요코하마의 인구 44만 명 가운데 92%가 재해를 입었고, 피해 가구는 95%에 달했습니다.

그런데 관동대지진으로 희생된 것은 일본인뿐만이 아니었습니다. 지진 발생 직후에 유포된 **유언비어**가 불안과 공포를 증폭시키면서, 일본의 민간인들이 수많은 조선인을 학살하는 참사가 벌어졌습니다. 어떻게 해서 그렇게 잔학한 일이 가능했을까요? 이제부터 그 진상을 살펴보기로 합니다.

독립을 꿈꾸면 불량한 사람? '불령선인'의 진실

일본 정부는 지진 발생 이튿날인 9월 2일 정오에 **계엄령**을 공포했습니다. 내무성이 계엄령 시행을 요청한 것은 1일 오후 2시경이었지만, 지진과 화재의 혼란으로 각료들이 제대로 모이지 못해서 계엄령 공포가 늦어진 것입니다. 계엄령이 공포되면서 관동계엄사령부가 설치되었고, 이 기구는 경찰과 자경단에 지시와 명령을 내릴 권한을 부여받았습니다.

일본에서 계엄령이 제정된 것은 1882년이며, 원칙적으로 **전시 상황**에만 적용할 수 있도록 했습니다. '전시'란 '외환' 또는 '내란'을 말합니다. 지진은 '전시'가 아니라 자연재해입니다. 그런데도

'전시'를 상정하여 계엄을 시행한 것은 과연 누구를 '적'으로 상정한 것일까요? 그것은 바로 일본에 살고 있던 조선인이었습니다.

일제는 식민지 지배에 따르지 않고 저항하는 조선인을 지목하여 '후테이센진', 우리말로 **불령선인**이라고 불렀습니다. '불령'이란 '원한, 불만, 불평 따위를 품고 제 마음대로 행동하는 것, 또는 그런 사람'을 말합니다. '선인'이란 '조선인'의 '조' 자를 뺀 것입니다. 왜 '조' 자를 빼고 '선인'이라고 불렀을까요? '조'는 천황이 있는 '조정(朝廷)'의 '조'와 한자어가 같기 때문입니다.

한국병합 당시 일본에 거주하는 조선인의 수는 약 2,200명이었지만, 일자리를 찾아 일본으로 건너가는 조선인 노동자가 늘어나면서 1923년에는 8만 명을 넘었습니다. 재일 조선인의 수가 증가하자 노동자와 유학생을 중심으로 한 단체가 잇달아 결성되었습니다. 당시 결성된 재일 조선인 단체는 사회주의 사상의 영향을 강하게 받고 일본의 사회주의 단체와도 긴밀한 관계를 맺고 있었습니다.

일본의 치안 당국은 이러한 재일 조선인의 움직임을 위험시하여 단속을 강화했고, 그 과정에서 일

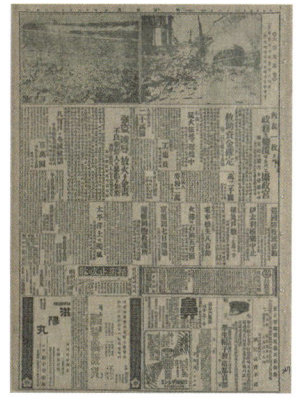

1923년 9월 10일자 《매일신보》. '관동대지진 당시 조선인들이 폭동을 조장하고 있다'는 내용이 담겼다.

본 사회 속에 '독립의 음모를 꾸미는 가공할 조선인'이라는 이미지가 침투하기 시작합니다. 이른바 '불령선인'관의 형성은 경찰과 언론이 이를 조장했습니다. 경찰은 범죄자만 보면 무조건 '조선인'으로 의심했으며, 언론은 **음모를 꾸미는 불령선인** 등의 선동적인 머리기사로 조선인에 대한 부정적인 이미지를 확산시켰습니다. 특히 1919년 3·1운동 이후, 경찰의 선제공격적인 단속과 신문의 선정적인 보도가 맞물리면서 조선인에 대한 부정적인 인식이 급속하게 확산되었습니다.

지진 발생 당시 치안의 최고 책임자였던 내무대신 미즈노 렌타로와 경시총감 아카이케 아쓰시는 조선총독부에서 정무총감과 경무국장으로 근무하면서 3·1운동과 독립운동을 탄압한 이력을 가진 자들이었습니다. 아카이케 경시총감은 지진이 발생하자 곧바로 일부 '불령선인'이 불온한 계획을 세워 **폭거**를 일으킬 것이라며 **계엄령** 시행을 상부에 요청했습니다. 그들은 지진의 혼란 속에서 조선인을 '치안의 위협', 나아가 '적'으로 간주했던 것입니다.

아카이케는 3·1운동 당시 조선총독부에서 근무하면서 한국에 거주하던 일본인들을 모아 **자경단**을 조직한 바 있었습니다. 그는 이 경험을 바탕으로 관동 지역 일원에 3,000여 개의 자경단을 조직했습니다. 이 자경단이 조선인 학살로 폭주하는 주체가 되었습니다.

"우물에 독을 탔다?" 삽시간에 퍼진 죽음의 소문

지진은 한 번에 그치지 않았습니다. 지진으로 인하여 곳곳에서 화재가 발생하고 있는 가운데 여진이 계속 이어지고 있었습니다. 극심한 혼란 속에서 불안과 공포가 증폭되면서 유언비어가 난무하기 시작했습니다. 더구나 계엄령 공포와 사단 병력의 출병은 유언비어를 사실처럼 믿게 만드는 요인이 되었습니다. 실제로 9월 1일부터 2일에 걸쳐 근위 사단과 제1사단, 그리고 동북 지방에 주둔하고 있던 사단 병력이 도쿄로 출동하고 있었습니다.

유언비어의 공격 대상은 '조선인'이었습니다. 당시 전국 각지에서 발행된 호외를 보면, "불령선인 곳곳에 방화", "선인 일당, 우물에 독을 살포", "선인 대폭동, 강간, 탈취, 살인" 등과 같이 전혀 근거가 없는 내용들이 난무했습니다.

그런데 이러한 유언비어를 민간이 아니라 내무성이 먼저 유포했다는 점이 문제였습니다. 내무성 경시총감 아카이케는 지진 발생 직후 "도쿄 부근의 지진 재해를 이용하여 조선인이 각지에서 방화하고 불령의 목적을 수행하려 하며 실제로 도쿄 시내에서 폭탄을 소지하고 석유를 뿌려 방화하는 자가 있다"라는 내용을 전국에 흘리고 지방 장관에게 조선인에 대한 단속을 강화하도록 명령했습니다.

치안 당국이 지진 발생 직후부터 앞장서서 유언비어를 마치 사실인 것처럼 다뤘고, 이것이 일거에 전국으로 확산된 것입니다. 여기에 더하여 언론도 유언비어를 검증 없이 마치 사실인 것처럼 보도했습니다.

이렇게 터무니없는 유언비어가 확산된 데에는 일본 사회에 이미 뿌리내려 있던 조선인에 대한 **차별 의식**이 크게 작용했습니다. 대지진과 화재라는 극심한 혼란 속에서 불안과 공포가 극대화되자, 사람들은 극도로 자기방어적인 상태에 빠졌고, 그 감정은 평소 멸시하던 조선인에 대한 공격으로 분출된 것입니다.

계엄령 선포, 총구는 왜 조선인을 향했나

지진 발생 직후, 계엄군에 투입된 나라시노 기병 제19연대는 도쿄의 변두리 아라가와 서쪽 지역에 거주하는 조선인 수백 명을 제방에 일렬로 세워두고 사살하고, 석유를 뿌려 불태우고 묻어 버렸습니다.

이 지역은 제1차 세계대전 이후 급속하게 공업화가 진행된 곳으로, 영세공업이 많았고 부족한 노동력을 메우기 위해 조선인들이 유입되어 있었습니다. 당시 도쿄를 포함한 관동 지역에는 약 2만 8,000명의 조선인이 살고 있었습니다. 조선인 노동자가 늘어나자 일부 일본인 노동자들이 임금 삭감과 실업의 위기를 느꼈고, 이러한 불안과 적대감 역시 학살의 배경으로 작용했습니다.

실제로 계엄군 가운데 '적은 조선인'이라고 공언하면서, 조선인을 발견하면 모조리 죽이라는 명령을 내린 상관도 있었습니다. 그들은 이미 동학 농민전쟁과 의병 항쟁, 그리고 3·1운동의 진압에 투입되어 조선인을 학살한 경험이 있었습니다. 그 연장선상에서 자연재해로 인한 혼란을 틈타 일본 국내에 있는 조선인을 '적'으로 상정하고 아무런 죄책감 없이 학살을 자행한 것입니다.

계엄군은 직접 손을 대지 않고, 자경단에게 살해를 지시하기도 했습니다. 지바현'에서 조사한 바에 의하면, 계엄군이 지바현 나라시노 수용소에 수용된 조선인을 주변의 마을 주민들을 시켜 살해한 사실이 밝혀졌습니다. 나라시노 수용소에는 9월 10일 기준으로 3,200명의 조선인이 수용되어 있었는데, 10월 19일 혼란이 진정되고 피난민들이 석방될 때는 2,867명으로 줄었습니다. 약 한 달 사이에 300명 이상이 사라진 것입니다.

어느 자경단원의 일기에는 "오후 4시경 조선인을 줄 테니까 가지러 오라는 연락이 왔다", "또 9시경 조선인을 가지러 가서 두 명 받아 오다", "합계 5명, … 땅을 파고 앉혀서 목을 치기로 결정" 등의 내용이 연일 기록되어 있습니다. 자경단은 조선인을 마치 물건처럼 계엄군으로부터 받아와, 죄책감 없이 살해를 반복했습니다.

• **지바현**

도쿄와 요코하마에서 피난해 온 조선인들이 몰려 있던 지역

평범한 이웃은 어떻게 자경단이 되었을까

지진 발생 당시 관동 지방에는 3,000개 이상의 자경단이 있었습니다. 이 정도의 대규모 조직이 어떻게 단기간에 결성되어 활동했을까요?

자경단은 지진의 혼란 속에서 자발적으로 만들어졌지만, 대부분은 이전부터 지역 단위에서 경찰의 지령을 받아 지역 유지를 중심으로 조직되어 있던 단체들이었습니다. 이러한 자경단 조직의 중심은 재향군인회였습니다.

1910년에 결성된 재향군인회는 출범 초기에는 100만 명의 회원을 보유하고 있었으며, 1930년대 초에는 260만 명에 달하는 거대한 조직으로 성장했습니다. 관동대지진 당시에는 재향군인회를 중심으로 조직된 자경단이 조선인 학살의 주체가 되었습니다.

이들 가운데에는 조선에 파병되어 동학농민운동과 의병 항쟁, 그리고 3·1운동을 진압하면서 조선인을 직접 학살한 경험을 가진 병사 출신이 많았습니다. 또한 간도 조선인 대학살에 가담했던 병사들도 포함되어 있습니다.

· **간도 조선인 대학살**

1920년 청산리 대첩에서 패배한 뒤, 보복을 위해 만주를 침공하여 간도 지역에 살던 조선인을 무차별적으로 학살한 사건

그런 재향군인 출신 인물들이 지진으로 치안 기능을 잃은 경찰을 대신한다는 명분으로 자경단을 조직하고, 스스로 '민중의 경

신주쿠 고려 박물관에 전시된 '관동대지진 두루마리 그림'(1926)에서 조선인 학살을 묘사한 장면

찰'이라 칭하며 조선인 학살에 앞장섰습니다. 지진 발생 직후 유언비어가 확산되자, 자경단은 일본도와 죽창, 곤봉 등으로 무장하고 통행인을 엄격하게 검문하여 조선인을 색출하고 학살했습니다.

멈추지 않은 자경단의 폭력

무장한 자경단이 조선인을 색출하여 죽이는 방식도 잔인하기 짝이 없었습니다. 조선인을 죽일 때마다 '만세'를 외치는 무리도 있었다는 증언도 전해지고 있습니다.

자경단은 통행인을 붙잡아 일본인과 조선인을 가려내기 위해 여러 가지 수단과 방법을 동원했습니다. 교육칙어를 암송하게 하거나, 역

• **교육칙어**

1890년 메이지 천황의 이름으로 반포된 문서로, 국민에게 국가에 대한 충성과 덕목을 강조한 내용

대 천황의 이름을 순서대로 말하게 하고, 우리나라로 말하자면 애국가인 기미가요를 부르게 하는 식이었습니다. 역대 천황의 이름도 초등교육을 받은 일본인이라면 누구나 알고 있어야 한다고 여겨졌습니다. 이 밖에도 15엔 50전이라는 말을 발음하게 하여 조선인을 식별했습니다. 일본어로 '주고엔 고줏센'이라는 이 단어에는 일본인이 아니면 정확하게 발음하기 어려운 장음·요음·탁음이 모두 들어 있어, 일본어에 익숙하지 않은 사람을 쉽게 식별할 수 있었던 것입니다. 이는 언어가 의사소통의 수단을 넘어, 생명과 죽음을 결정하는 도구로 사용된 비극적인 사례였습니다.

아이들의 눈에 비친 학살

1973년 요코하마 중앙도서관에서 발견된 초등학생들의 관동대지진 체험에 대한 작문은 당시 일본인이 자행한 학살의 만행을 생생하게 전해 주고 있습니다.

이를 꾸준히 연구해 온 사람은 요코하마 중학교의 교사 고토 아마네였습니다. 그는 요코하마 중앙도서관의 아동 작문에 대한 열람이 허용되던 시기에 이를 모두 연필로 적어 옮겼습니다. 당시에는 복사도 허용되지 않았습니다. 이렇게 고토 교사가 연필로 옮겨 적은 작문은 약 700점에 달합니다. 그는 그 성과를 관동대지진 연구 노트라는 제목으로 제본하여 연구자와 동료 교사들에게 배포해 왔습니다. 연구 노트의 발행 호수는 지금까지 140호가 넘습니다. 여기서는 '연구 노트'에 적힌 아동들의 증언을 몇 가지 살펴보겠습니다.

•소학교 고등과(중학교) 2학년의 글: 밤이 되자 조선인 소동이 있었다. 남자들은 손에 죽창을 들고 있다. 나와 동생은 구석에서 이불을 덮고 숨죽이고 있었다. (…) 10시쯤 되자 저쪽에서 "죽여!"라며 조선인을 뒤쫓아가는 소리가 들렸다. (…) 건너편 산에서 남자가 막대기를 들고 "조선인이 오면 때려죽여라"라고 소리쳤다. 그다음에는 피투성이의 칼을 들고 다니는 사람이 있었다.

•소학교 5학년의 글: 밤이 되자 여기저기에서 조선인 소동이 일어나 나는 죽창을 들고 주위를 돌아다녔다. 저쪽에서는 조선인을 죽이고 "만세, 만세"라고 외치고 있다. 그러자 또 건너편에서 조선인이 있다고 말하자 "땅" 하는 총소리가 들렸다. (…) 드디어 밤이 왔다. (…) 7시 무렵 걷다 보니 조선인이 나무에 묶여 죽창에 배를 찔리고 톱으로 잘려 있었다.

•소학교 6학년의 글: 잠을 자려는데 (…) "와" 하는 소리가 들렸다. 깜짝 놀라 목소리가 나는 쪽을 보니 저놈을 죽이라고 소리치고 있

다. 나는 쇠몽둥이를 들고 가서 보니 조선인 셋이 많은 사람한테 얻어맞아 거의 죽어가고 있었다.

• **소학교 고등과 2학년의 글:** 파출소 앞에 가니 조선인이 전신주에 철사로 꽁꽁 묶여 있었고 반팔을 입은 사람에게 쇠막대로 맞고 있었다. 강가로 가자 불에 탄 사람과 쓰러진 조선인이 저쪽으로 굴러가다가 다시 이쪽으로 굴러왔다. 그때마다 악취가 나서 견딜 수가 없었다. 길옆에 두 명이 쓰러져 있었다. (…) 머리는 갈라져 피투성이였고, 셔츠는 피로 물들어 있었다. 모두가 대나무 막대기로 쿡쿡 찌르면서 "지긋지긋한 놈이다. 이놈이 어젯밤 날뛰던 놈이다"라며 못마땅하다는 듯이 침을 뱉고 가버렸다.

지진 나흘째에도 이와 같은 학살 장면은 계속되고 있었습니다. 그런데 어른들이 조선인을 학살하는 장면을 목격한 아동들의 작문에서 조선인에게 동정을 보인 글은 거의 찾아볼 수 없습니다. 유언비어가 근거 없는 이야기라고 쓴 글도 전혀 찾아볼 수 없습니다. 아이들은 어른들이 말하는 유언비어를 그대로 믿었고, 그 결과 죄책감을 느끼지 않고 조선인 학살의 장면을 글로 옮겼습니다. 그리고 대학살극이 끝난 후에도 오랫동안 부모와 선생들은 아동들에게 유언비어는 거짓말이며, 조선인을 학살한 것은 잘못이었다는 사실을 가르치지 않았습니다. 그러한 은폐된 기억이 현재까지도 이어지고 있는 것이죠.

다만 드물게 성인이 되어 어릴 적의 기억을 떠올리고 부끄러움에 반성하는 사람도 있습니다. 지진 발생 51년이 지난 1974년, 어묵 제조업을 하던 이시바시 다이시는 개인 재산을 털어서 요코하마 사찰 마을에 **관동대지진 순난 조선인 위령비**를 세웠

이시바시 다이시가 요코하마 사찰에 세운 '관동대지진 순난 조선인 위령비'

습니다. '순난'이란 국가의 재난이나 혼란에 희생되었다는 의미로 '학살'이라는 직접적인 표현을 피하는 말로 보일 수도 있습니다. 그것은 개인의 양심적인 행동이면서도, 가해의 책임을 명확히 드러내지 못하는 일본 사회의 한계이기도 합니다. 위령비의 뒷면에는 이런 글이 새겨져 있습니다.

소년 시절에 목격한 한 시민이 세우다.

관동대지진 당시 소학교 2학년이었던 이시바시는 가족과 함께 피난하는 도중에 언덕 위에 밧줄로 전신주에 매달린 조선인의 시

체를 목격했습니다. 그는 어른이 되어서도 그 광경을 잊을 수가 없었습니다. 그래서 요코하마 시장에게 여러 차례 학살당한 조선인 위령비 건립을 건의했지만 묵살당했고, 결국 60세가 넘는 나이에 사재를 털어서 위령비를 세웠습니다.

이시바시는 78세가 되는 1993년, 《아사히신문》에 "많은 일본인이 조선인을 학살하거나 목격했는데도 입을 다물고 있다. 부끄러운 일이다"라는 글을 투고했습니다. 과연 이시바시와 같은 일본인이 얼마나 있을까요?

진실을 은폐하는 일본 정부

계엄군은 9월 4일 계엄사령관의 이름으로 "헌병 또는 경찰의 허가가 없으면 자경단과 일반 주민은 무기 또는 흉기를 휴대할 수 없다"는 명령을 내렸습니다. 이는 곧 9월 4일부터 계엄군 지휘부와 관헌은 유언비어가 사실이 아니라는 것을 알고, 사태의 확대를 진정하기 시작했다는 것을 말해주고 있습니다. 그러나 이미 촉발된 학살의 광기는 쉽게 가라앉지 않았습니다.

자경단의 조선인 학살이 계속되고 있었지만 일본 정부가 학살에 대한 대응 방침을 정한 것은 지진이 발생한 지 열흘이 지난 9월 11일이었습니다. 정부는 학살의 모든 책임을 자경단에 넘기고 경찰의 책임은 피했습니다.

9월 16일, 정부가 조선인 학살에 관하여 관헌에 내린 극비 문서를 보면, '불령선인'들의 약탈, 방화, 강간이 있었다는 것을 사실처럼 '선전'하면서, 학살의 주체는 '시민'이었다고 하여 자경단에 책임을 전가하고 있습니다.

그리고 학살을 자행한 자경단에 대해서는 이런 방침을 세웠습니다.

정상을 참작해야 할 점이 적지 않다. 소요에 가담한 전원을 검거하지 않고, **현저한 행위를 한** 자로 검거 범위를 한정한다.

'현저한 행위를 한 자'란 특히 악질적인 잔학 행위를 한 자에 한정하여 형사처벌을 하겠다는 것이었습니다.

이러한 정부의 방침은 자경단에 대한 재판에도 그대로 반영되었습니다. 재판에서 실형을 받은 확률을 보면 '일본인을 오인하여 살해한 경우'가 59.3%로 가장 높았고, '경찰서를 습격하여 조선인을 살해한 경우'가 47.1%, 그리고 '조선인만 학살한 경우'는 16.5%로 매우 낮았습니다. 재판에서 중시한 것은 조선인 학살의 실태와 책임 규명이 아니라 주로 경찰권을 무시한 자경단에 대한 처벌이었다는 것을 알 수 있습니다.

왜 가해자는 처벌받지 않았을까

요코하마의 경우에만 보더라도 곳곳에서 조선인에 대한 학살극이 벌어졌지만, 조선인을 살해한 죄로 기소된 사람은 단 한 명뿐이었습니다. 그것조차도 학살 행위가 벌어진 바로 그 시점이 아니라, 이듬해에 이재민 배급품 분배를 둘러싼 분쟁이 원인이 되어 이웃 일본인에게 고발당한 사례였습니다. 관헌은 1년이 지나도록 묵과하다가, 일본인이 고발하자 재판에 넘겼습니다. 판결은 징역 2년의 집행유예가 선고되었습니다.

당시 법무부의 수사 책임자는 요코하마 시내의 학살 현장을 이틀 연속으로 방문한 후 《가나가와 방면 경비부대 법무부 일지》에 기록을 남겼습니다. 그러나 학살 현장을 확인하고도 형사 책임을 물은 사람은 단 한 명도 없었습니다.

릿쿄대학 명예교수 야마다 쇼지는 조선인 학살에 대한 38건의 지방법원 판결을 분석해 다음과 같은 결론을 내렸습니다.

지방법원의 판결이 중시한 것은 경찰권에 대한 반항과 일본인을 조선인으로 오인해 죽이거나 상대방이 일본인인 것을 알고도 죽인 학살이며, 이에 비해 조선인 학살은 경시했다. 관헌은 이런 재판으로 조선인 학살에 대한 국가의 책임을 다한 듯한 모습을 만들었다.

사법의 판단에서 일본인에 대한 가해는 '악질적인 잔학 행위'였지만, 조선인에 대한 가해 행위는 처벌의 대상이 아니었던 셈입니다. 수많은 사람이 집단으로 군중이 보는 앞에서 잔혹한 학살 행위를 저질렀지만, 관헌도, 민중도 모두 '집단적 은폐'와 '집단적 망각'에 암묵적으로 동조했습니다. 이는 그 누구에게도 책임을 묻지 않은 채, 아무런 반성도 없이 방치하다가 잊히기를 기다리는 것은 아닐까요?

그러나 저지른 죄의 무게를 생각하면 결코 용납될 수 없습니다. 어디까지나 진실은 있는 그대로 밝혀져야 하고, 아무리 시간이 지나도 사죄와 반성은 필요합니다. 그래야만 다시는 잘못된 과오를 되풀이하지 못하도록 막을 수 있으니까요. 그럼에도 현실은 오히려 진실을 은폐하는 방향으로 가는 것이 안타깝기만 합니다.

끝나지 않은 왜곡의 역사

관동대지진 당시의 조선인 학살은 도쿄와 요코하마의 공공연한 장소에서, 아무런 죄도 없는 조선인들이 집단적으로 살해당한 사건이었습니다.

그럼에도 불구하고 오늘날까지도 "대량 학살을 말해주는 공문서가 없다"거나, "조선인은 범죄자이며 일본인의 정당방위였다"라며 **학살 자체를 부정**하는 주장이 공공연히 존재하고 있습니다.

그러나 공문서가 존재하지 않는 이유는 간단합니다. 처음부터 작성하지 않았을 것이고, 있었다고 해도 의도적으로 남기지 않았기 때문일 것입니다.

이러한 역사 인식의 왜곡은 교육 현장에서도 확인됩니다. 2012년 요코하마 시의회에서는 시교육위원회가 만든 **중학교 사회과 부독본**에서 다음과 같은 관동대지진 관련 기술이 문제가 되었습니다.

유언비어를 믿었던 군대와 경찰, 재향군인회와 청년회를 모체로 조직된 자경단 등은 조선인에 대한 박해와 학살을 자행하고 중국인까지 살해했다. 요코하마에서도 비정상적인 긴장 상태에서 조선인과 중국인이 학살당하는 사건이 일어났다.

문제를 제기한 시의원은 '학살'이라는 표현이 지나치다고 지적했고 이에 대하여 교육감은 '학살'이라는 용어에는 일정한 주관이 들어 있다면서 책의 내용을 개정하겠다고 답변했습니다. 이후 개정된 내용은 다음과 같습니다.

비정상적인 긴장 상태에서 각지에서 재향군인회와 청년회를 모체로 조직된 자경단 가운데 조선인과 중국인을 살해하는 행위로 치닫는 자가 있었다. 요코하마에서도 다수의 희생자를 냈다.

군대와 경찰의 관여를 빼버리고 '학살'을 '살해'로 바꾼 것이
죠. 게다가 '살해' 행위의 주체를 자경단 일부의 폭주로 **축소**해 버
렸습니다.

2017년에는 도쿄도 의회에서도 비슷한 사례가 있습니다. 한
도의원이 요코아미초 도립공원 안에 있는 '관동대지진 조선인 희
생자 추모비'에 희생자 수가 6,000명이라고 새겨진 것을 두고 '일
방적인 정치적 주장'이라고 이의를 제기했습니다. 그는 "조선인 선
동가가 지진을 틈타 흉악 범죄를 저질렀고, 이에 대하여 과민해진
자경단이 무관한 조선인까지 살해한 것일 뿐"이라고 주장했습니다.

요코아미초 도립공원 안에 있는 관동대지진 조선인 희생자 추모비

그는 나아가 추모비 자체가 일본인에 대한 혐오를 조장한다며 철거를 포함한 개선책을 마련해야 한다고 요구했습니다. 추모비 앞에서는 매년 관동대지진이 발생한 9월 1일을 기하여 추도식이 열리고, 도쿄도지사가 추도사를 전해오는 관례가 있었습니다. 그러나 이 문제 제기를 계기로 그러한 관행조차도 중단해 버렸습니다.

결국 일본은 100여 년 전에 저지른 자기 조상들의 만행을 여전히 직시하지 않고 역사적 사실을 왜곡하면서 부끄러운 과거를 은폐하고 있는 것입니다.

- 관동대지진 당시 "조선인이 우물에 독을 탔다"는 헛소문이 퍼지자 평범한 이웃들이 자경단으로 변해 사람들을 공격했습니다. 만약 우리 학교나 동네에 누군가를 비난하는 확인되지 않은 소문이 돈다면, 나는 어떻게 행동할까요?

....

....

....

- 사람들은 재난 상황에서 오는 공포를 해소하기 위해 '희생양'을 찾았습니다. 내 잘못이나 불안한 상황을 남의 탓으로 돌려 마음이 편해지려고 했던 경험이 있나요? 그것이 정당한 행동일까요?

....

....

....

- 가짜 뉴스가 폭력으로 이어진 사례를 하나 찾아보고, 관동대지진 당시와 닮은 점을 한 가지 써 보아요.

....

....

....

5장

조선인 청년은
왜 전쟁에
동원되었을까

1910년	토지 조사 사업 실시
1920년	산미 증식 계획 실시
1937년	중일전쟁 발발
1938년	'육군 특별 지원병령' 공포(조선인 지원병 제도 시작)
1939년	조선인 노동자 동원 '모집' 방식 시작
1941년	소학교 명칭을 '국민학교'로 변경
1942년	미드웨이 해전 대패, 조선 징병제 도입 각의 결정
1943년	육군 특별 지원병 임시 채용 규칙 공포 (학도지원병 동원)
1944년	조선인에게 '국민 징용령' 적용 (법적 강제동원 본격화)
1945년	일본 패전
1947년	일본, '국민학교' 명칭을 '소학교'로 변경
1965년	한일기본조약 조인. 국교 정상화
1985년	가고시마현 치란 '특공평화회관' 개관
1996년	한국, '국민학교' 명칭을 '초등학교'로 변경
1997년	강제동원 피해자 2명, 일본(오사카 지방법원)에 신일본제철 상대로 소송 제기
2018년	한국 대법원, 일본 기업 손해배상 책임 확정
2019년	일본, 한국 화이트리스트 제외 및 수출 규제 강화
2023년	한국 정부, 강제동원 '제3자 변제' 해법 발표

전쟁에 끌고 가기 위한 새빨간 거짓말, '황민화'

황민화 정책이란 일제가 1930년대 후반부터 패전할 때까지 식민지 민족을 일본의 천황에게 절대적으로 복종하는 신민으로 만들기 위해, 조선인에게 강요한 '황국 신민화 정책'의 줄임말입니다. 여기서 황국은 신의 자손인 천황이 지배하는 나라라는 의미죠.

일본이 침략전쟁을 일으킨 정신적인 배경에는 이러한 황국 의식이 있었습니다. 그래서 신의 의지로 일으킨 전쟁은 '성전'이고, 이를 수행하는 군인은 '황군'이라는 황당한 논리로 국민을 전쟁에 동원했습니다. 일제는 이런 지배 방식을 식민지 민족에게까지 그대로 적용했습니다.

황민화 정책을 통해서 천황에 대한 절대적인 충성을 강요한 것입니다. 일본군 '위안부' 동원, 노동자의 강제징용, 조선인 청년들의 징병 등도 모두 황국 신민화 정책이라는 이름으로 강행된 것이었습니다. 이 장에서는 황민화 정책의 구체적인 실태와 징용, 징병에 대하여 살펴보기로 하죠.

'국민학교' 이름 속에 숨겨진 무서운 진실

식민지 시기에 초등학교는 '소학교', 또는 '보통학교' 등으로 불렀습니다. 그러다가 1941년 침략전쟁이 확대되는 과정에서 일제는 칙령으로 소학교의 명칭을 **국민학교**로 변경했습니다. 당시 공포한 칙령의 내용은 다음과 같습니다.

> 국민학교는 **황국**의 길에 따라 초등 보통 교육을 실시하고 국민의 기초적 **연성**을 이루는 것을 목적으로 한다.

여기서 '연성'이란 '몸과 마음을 닦아서 일을 이룬다'라는 의미의 한자어입니다. 그리고 국민학교의 '국민'은 우리가 흔히 '국민 여러분'에서 말하는 '국민'이 아니라, "천황이 지배하는 나라의 충성스러운 신민"을 의미하는 **황국신민**의 '국'과 '민'의 글자를 따서 만든 합성어입니다.

당시 일본인들에게 '몸과 마음을 닦아서 일을 이루는' 최고의 가치는 신의 자손인 천황에 대하여 목숨을 바쳐 충성을 다하는 것이었습니다. 일본군들이 최후의 결전에서 "천황폐하 만세!"를 외치면서 죽었다는 것은 결코 과장된 표현이 아닙니다. 따라서 '국민학교'란 '전쟁터에서 천황을 위해 기꺼이 **목숨**을 바칠 수 있는 인적 자원을 양성하기 위한 학교'라는 의미가 되는 것입니다.

일본은 패전 후 1947년 민주화 과정에서 '국민학교'를 군국주의의 잔재라고 하여 명칭을 **소학교**로 바꾸었습니다. 그런데 우리나라에서는 50년간 그대로 사용해 왔습니다. 국민학교에서 초등학교로 공식 변경된 것은 1996년 3월 1일부터입니다.

내 이름과 말을 강제로 빼앗긴다면?

1937년 중일전쟁 발발은 일본제국주의의 멸망을 앞당겼습니다. 일본은 전쟁이 본격적으로 확대되자 전 국민을 전쟁에 동원하는 총동원 체제를 구축했고, 식민지에 대해서도 인적·물적 자원을 총동원하기 위해서 **황민화 정책**을 펼쳤습니다. '황민화 정책'은 조선인의 자발적인 전쟁 협력을 끌어내겠다는 명분 아래, 조선인을 천황에게 절대적으로 충성하고 복종하게 만드는 정책이었습니다. 그것은 곧 조선인의 민족성을 말살하려는 시도이기도 했습니다.

구체적으로는 교육칙어의 암송, 신사 참배˙와 궁성요배˙의 강요, '황국 신민 서사'의 제창, 일장기 게양과 기미가요 제창,

• **신사참배**
일본 신과 천황의 조상신을 숭배하는 의식

• **궁성요배**
황궁을 향하여 멀리서 절하는 의식

창씨개명,˙ 일본어 사용의 강제 등을 비롯해, 병력 동원과 노동력 징발, 일본군 '위안부' 동원까지 포함되었습니다.

황민화 정책은 침략전쟁이 장기화하면서 더욱 노골화되었습니다. 부족한 노동력과 병력을 메우기 위해 조선인을 징용과 징병이라는 형태로 동원하기 시작한 것입니다. 여기서는 이러한 징용과 징병을 중심으로 살펴보기로 하죠.

"돈 벌게 해줄게" 징용이라는 이름의 지옥

징용이라는 말의 정확한 의미를 아시나요? 국어사전을 보면 "전시·사변 또는 이에 따르는 비상사태에 국가의 권력으로 국민을 강제적으로 일정한 업무에 종사시키는 일", 또는 "일제강점기에 일본 제국주의자들이 조선 사람을 강제로 동원하는 일"이라는 두 가지 뜻이 나옵니다. 두 가지 모두 강제적으로 노동력을 동원하는 것을 말합니다.

일본은 침략전쟁이 격화하던 1939년부터 1945년 패전할 때까지 일본 국내와 만주, 남양 제도 등에 80만~90만 명의 조선인 노무자를 동원했습니다. 이에 더하여 조선 안에서 강제징용된 노무자는 320만 명에 달합니다. 1941년 당시 조선에서 16세 이상 40세 미만의 청·장년 인구가 약 420만 명이었다는 점을 감안하면, 거의

• 창씨개명
성씨와 이름을 일본식으로 바꾸는 것

1940년대 홋카이도 샤쿠베쓰 탄광에 강제동원된 노동자들

100%에 가까운 청·장년이 동원되었다는 것을 알 수 있습니다.

끝나지 않은 싸움, 징용 피해자들의 소송

2019년 8월 2일, 일본 정부는 한국을 수출 우대 국가에 편의를 제공하는 **화이트 리스트**에서 제외했습니다. 이것은 2018년 한국 대법원의 '징용공' 소송 판결에 대한 **보복 조치**로, 일본은 한국의 주요 수출품인 반도체 제조에 필수적인 품목의 한국 수출을 규제했습니다.

이에 대하여 한국 정부는 강력히 반발하여 **한일 군사 정보 보호 협정 파기**를 표명했고, 일반 시민들 사이에서는 일본 제품 불매 운동이 확산되었습니다. 한일 관계는 1965년 국교 정상화 이후 최악이라는 말까지 나왔습니다.

'징용공 문제'는 왜 이런 갈등을 초래했을까요? 먼저 그 경위부터 살펴보기로 하죠.

식민지 시대 일본에 징용되었던 두 명의 한국인이 신일본제철을 피고로 **오사카 지방법원**에 소송을 제기한 것은 1997년의 일이었습니다. 두 사람은 일본의 침략전쟁이 격화하고 있던 1943년에 노동자 모집 광고를 보고 응모하여 일본제철 오사카 제철소로 건너갔습니다. 당시 모집 과정에서는 2년간 근무하고 기술을 익히면, 이후 조선에 있는 공장에 기술자로 취업할 수 있다는 약속이 있었다고 합니다. 그러나 피해자들의 주장에 따르면, 그들은 제대로 먹지도 못했고 월급은 강제로 저축 처리되어 받지도 못했으며, 엄격한 감시 때문에 도망칠 수도 없었습니다.

이에 대해 피해자들은 일본 기업을 상대로 **사과**와 **체불 임금**의 **지급**을 요구하며 소송을 제기했습니다. 그러나 오사카 지방법원은 1심과 2심 모두 소송을 **기각**했고, 2003년 최고재판소(한국의 대법원에 해당)에서 원고의 **패소**가 확정되었습니다.

일본 법원이 기각한 판단의 중요한 근거는 두 가지였습니다. 하나는 패전 전의 일본제철과 패전 후의 신일본제철은 별도 회사이기 때문에 채무는 승계되지 않는다는 것입니다. 또 하나는 설령 승계된다고 하더라도 1965년 한일기본조약 조인과 함께 체결된 '한일청구권협정'에 따라 손해배상청구권이 이미 소멸하였다는 논리였습니다.

한국 대법원은 왜 손을 들어주었나

두 명의 원고는 일본에서 패소하자, 2005년에는 또 다른 두 명과 함께 모두 네 명이 한국 법원에 소송을 제기했습니다. 이 소송에서는 일본 법원에 제기했던 주장에 더하여, 강제동원의 국제법 위반과 기업의 불법행위에 대한 손해배상까지 요구했습니다.

한국 법원에서도 1심과 2심은 일본의 판단에 따라 기각했지만, 2012년 대법원은 2심 판결을 파기하고 재판을 다시 하라고 명령했습니다. 그 결과 고등법원에서 1인당 1억 원을 지급하라는 원고 승소 판결을 내렸고, 그것이 2018년 10월 대법원 판결로 최종 확정되었습니다.

한국 대법원은 일본의 식민지 지배 자체가 불법이었다는 점을 전제로, 두 회사의 동일성이 인정되므로 채무는 승계된다고 판단했습니다. 또한 강제동원 피해에 대한 손해배상청구권은 1965년의 한일청구권협정의 적용 대상에 포함되지 않는다는 판단을 근거로 원고의 손을 들어준 것입니다.

일본 법원에 손해배상청구소송을 제기한 지 13년 8개월 만에 일본 기업의 책임을 인정하는 대법원 확정판결을 받았지만, 원고 가운데 살아서 선고를 들은 사람은 이춘식 피해자 한 명뿐이었습니다. 그러나 이춘식 씨도 끝내 일본 정부와 기업으로부터 사죄와 배상을 받아내지 못하고 2025년 1월 27일 운명했습니다.

일본 정부의 궁색한 변명들

한국 대법원의 판결에 대하여 일본 정부는 징용공 문제는 '한일 청구권협정'으로 완전하고도 최종적으로 해결되었으며, 한국 대법원의 판결은 국제법 위반이라며 전면 부정했습니다. 그러나 '한일 청구권협정'으로 소멸한 것은 강제동원 피해자에 대한 미지급금과 보상금에 대한 청구권이었을 뿐입니다. 다시 말해, 피해자가 당한 육체적, 정신적 고통에 대한 위자료까지 포함된 것은 아니라는 것이 당시 한국 정부의 해석이었습니다.

설령 '한일청구권협정'에 위자료가 포함되어 있었다 하더라도, 징용 피해자 개인이 일본 기업을 상대로 소송을 제기할 권리까지 소멸되었다고 보기는 어렵습니다.

또한 일본 정부가 대법원의 판결을 '국제법 위반'이라고 한 것은, 한국 대법원이 식민지 지배는 불법이라고 판단한 것에 대한 반발이기도 합니다. 일본은 식민지 지배는 국제법상 합법이며, 식민지 시대에 조선인의 국적은 일본이었으므로 '국민징용령'에 따른 징용도 합법이었다는 논리를 펼쳐 왔습니다.

그러나 식민지 지배 자체가 애초에 불법이었다는 대법원의 판단을 전제로 한다면, 조선인의 국적이 일본이었다거나, 노동 동원이 합법이었다는 말 자체가 성립될 수 없습니다.

일본 정부는 또한 노동 동원의 강제성을 감추려고 의도적으로

'징용공'이라는 용어를 피하고, 모집에 응해 자발적으로 건너간 **한반도 출신 노동자**라는 말을 사용하고 있습니다. 과연 일본으로 건너간 조선인 노동자들은 자발적으로 간 것일까요? 아니면 어떤 강제성이 동원되었을까요? 그 실태를 살펴보기로 하죠.

누가, 어떻게 죽음의 땅으로 끌려갔나?

일본이 한국에서 노동자를 본격적으로 동원하기 시작한 것은 1937년 **중일전쟁**부터였습니다. 일본의 젊은이들이 대거 전쟁터로 끌려가자, 일본 국내에 노동력이 턱없이 부족했던 것이죠. 이에 주로 전쟁 물자와 관련된 군수산업과 탄광 기업은 노동력 부족에 직면하여 일본 정부는 조선총독부에 **조선인 동원**을 요구했습니다.

조선총독부는 일본 정부의 요청에 따라 1939년 9월부터 **모집**이라는 형태로 지방 관리와 경찰을 동원해 조선인 노동자를 모집하기 시작했습니다.

그러나 '모집'만으로는 필요한 인원을 충당할 수 없게 되자, 1942년 2월부터 동원 제도를 더욱 강화하여 **관 알선**으로 방식을 바꾸게 됩니다.

이후 1944년부터 전쟁이 더욱 치열해지자 조선인에게도 일본의 **국민 징용령**을 적용해서 강제동원을 시작

· **관 알선**
지방의 말단 관리나 경찰 등이 한국의 젊은이들에게 일자리를 알선해 준다는 명분으로 노동력을 동원하는 방식

했습니다. 이처럼 조선인 노동자를 모아서 일본 기업으로 데려가는 업무는 모두 조선총독부의 하부 기관이 주도했습니다.

그렇다면 어떤 사람들이 징용의 대상이 되었을까요? 그 실태를 보면, 노동에 동원된 조선인의 대부분은 문해 능력이 부족하고 빈곤한 농민 출신이었습니다.

그리고 이 빈농층의 대부분은 총독부의 식민지 경제정책이 낳은 결과였습니다. 1910년부터 실시한 **토지 조사 사업**으로 일본인을 중심으로 한 지주제가 성립하면서, 자작농이나 자작 소농은 토지를 잃고 대거 소작농으로 전락했습니다. 토지를 잃고 농촌을 떠난 농민들은 대부분 화전민이 되거나 도시 빈민이 되는 유랑생활을 했습니다. 또 1920년부터 실시한 **산미 증식 계획**으로 쌀 생산량은 증가했지만, 그 이상의 쌀이 일본으로 반출되어 조선인 1인당 쌀 소비량은 오히려 감소했습니다.

1939년부터 1942년 사이에 사망한 신원 불명의 유랑 농민은 총독부가 파악한 것만 보더라도 2만 2,000명이 넘습니다. 그 대부분은 굶주림과 추위, 영양실조 등으로 인한 사망이었습니다. 이렇게 극한 처지에 있던 빈농들에게 '의식주를 보장해 준다'라는 말은 거부하기 어려운 유혹이었을 것입니다. 그들은 빈곤과 강압 속에서 열악한 노동 환경에 내몰릴 수밖에 없었습니다.

굶주림과 매질, 처참했던 강제 노동의 현장

일본에 동원된 한반도의 노동자는 '모집'이든 '관 알선'이든 계획대로 모으기가 어려웠습니다. 그래서 실제로는 대부분이 **강제 연행**이었다는 증언은 넘칠 정도로 많습니다.

1944년 7월, 조선인 동원 현장의 관리가 내무성 관리국장 앞으로 보낸 보고서를 보면, 출두 명령을 받은 조선인이 달아나는 경우가 많아 "야습, 유괴 외에도 각종 방책을 세워 인질적, 약탈적 납치 사례가 늘고 있다"라고 보고하고 있습니다. 징용을 피하려고 왼쪽 손목을 절단한 사례도 있으며, 강제동원된 이후에도 도망자가 끊이지 않았습니다. 노동 현장의 실태는 더욱 심했습니다. 4,000여 명의 조선인이 동원된 군함도의 사례를 보겠습니다. 열네 살에 경상남도에서 군함도로 동원된 서정우 씨는 이렇게 증언했습니다.

우리 조선인은 (…) 한 사람이 다다미 한 장도 차지하지 못하는 좁은 방에 일곱여덟 명이 함께 지냈죠. (…) 낙반 사고로 한 달에 너덧 명은 죽었는데, (…) 이런 중노동에 식사는 콩깻묵 80%에 현미 20%가 섞인 밥과 정어리를 통째로 구워 부순 것이 반찬이라, 저는 매일 설사해서 몹시 쇠약해졌습니다. 그런데도 일을 쉬려고 하면 (…) 폭행당했습니다.

이처럼 노동자들은 열악한 주거환경과 삼엄한 감시 아래서 장시간 노동에 시달렸고, 일을 쉬거나 탈출을 시도하면 폭행을 당했습니다.

실제로 1945년까지 20년간 군함도에서 발행한 사망진단서, 화장 인허증 교부 신청서를 분석해 보면, 일본인보다 조선인의 사망률이 두 배 이상 높습니다. 사인의 절반은 '사고사'로 기록되어 있는데, 이는 곧 징용 피해자들은 항상 죽음과 가까이에서 노동하고 있었다는 것을 말해줍니다.

사과 없는 해결, 무엇이 남았을까

2023년 3월, 박진 외교부 장관은 강제동원 피해자 문제에 대하여 제3자 변제 방식으로 배상하겠다는 징용공 문제의 '해법'을 발표했습니다. 이어서 같은 해 5월에 서울에서 열린 한일 정상회담 후의 공동 기자회견에서도 이 방안을 "1965년 청구권 협정과 2018년 대법원 판결을 동시에 충족하는 절충안으로서 법적인 완결성을 지닌 유일한 해결책"이라고 말했습니다.

그런데 그 '해법'의 내용은 일본 기업이 지급해야 할 배상금을 한국 정부 산하의 재단이 대신해서 지급하는 방식이었습니다. 이는 대법원의 판결을 전적으로 부정하는 조치였습니다. 이 방안은 식민지 지배는 '합법'이라고 주장하는 일본 정부의 강변에 동조하는 것이나 마찬가지라는 비판을 피하기 어렵습니다.

더 큰 문제는 이 '해법'이 역사 인식의 근간을 흔든다는 점입니다. 일본 제국의 식민지 지배의 불법성을 한국 정부가 스스로 지웠다는 것이고, 헌법 전문에서 대한민국의 뿌리로 밝히고 있는 대한민국임시정부의 정당성까지 부인하는 결과를 낳았습니다.

더구나 이 '해법'은 현실적으로도 해결되기 어려운 것이었습니다. 무엇보다도 판결에서 승소한 피해자의 유족들이 거부하고 있습니다. 판결 당시 원고 가운데 유일한 생존자였던 이춘식 씨는 2025년 사망 전까지, 병상에서 싸우면서도 한국 정부의 '제3자 변제안'을 거부한다는 의사를 명백히 밝혔습니다. 승소한 원고 측이 '해법'을 거부하는 이상 일본 기업의 손해배상책임 면제라는 '해법'은 성립할 수 없습니다.

일본 정부는 징용의 강제성을 부정하고 자유의사로 일본에 돈을 벌러 온 사람이라고 하지만, 이러한 주장에 대한 반론을 뒷받침하는 증거는 얼마든지 있습니다. 한국 정부는 대법원의 판결에 따라 이러한 증거를 토대로 일본 정부의 책임 있는 해결을 요구해야 할 것입니다.

이미 '징용공' 소송을 제기한 원고를 비롯하여 일제의 강제동원 피해자들은 대부분 돌아가셨습니다. 그러나 피해자들이 모두 사라졌다고 해서, 인간의 자유와 존엄을 침해한 강제동원의 역사적 사실이 사라지는 것은 아닐 것입니다.

지원병, 과연 자발적인 선택이었을까

일제는 중일전쟁 발발 직후인 1938년부터 조선인 청년들을 전쟁에 동원하기 시작했습니다. 이후 1945년 일제가 패망할 때까지 조선인은 1938년의 지원병 제도, 1943년의 학도병 제도와 징병제로 동원되었습니다.

일제는 식민지 지배 초기부터 조선인에게 일본의 병역법을 적용하지 않았습니다. 징병검사 대상자를 일본 호적법 적용자로 한정하여 조선 호적 소속자는 제외한 것입니다. 이는 군사적인 지식과 무기를 갖춘 조선인들의 저항이 두려웠기 때문이었습니다. 그러나 1930년대 후반부터 침략전쟁이 확대되면서 병력 보충이 불가피해지자, 1938년 2월 **육군 특별 지원병령**을 공포하여 조선인 동원을 시작했습니다. 이 제도는 조선군*의 주도하에서 입안된 것으로, 지원병을 조선인에 대한 '황민화' 정책의 핵심 수단으로 삼고자 했습니다.

지원병의 자격은 보통학교(오늘날의 초등학교) 졸업 이상의 학력을 가진 17세 이상의 조선인 남성이었지만, 실제로는 자발적인 의사에 의해 지원한 경우보다 경찰력을 배경으로 선전과 회유, 종용 등으로 동원하

· 조선군

조선에 주둔하고 있던 일본군

는 경우가 많았습니다. 선발된 지원병은 약 6개월의 훈련을 받으며, 일본어의 사용은 물론이고 생활양식 모든 면에서 일본인처럼 행동하도록 강요받았습니다.

그 결과 1938년부터 1943년까지 누계 약 80만 명의 청년이 '지원병과 그 가족에 대한 우대'라는 유인책과 '경찰과 말단 관리의 강제'라는 강제력에 의해 지원병이 되었습니다.

일본 해군은 **미드웨이 해전**에서 미국에 대패한 이후, 수세에 밀리기 시작했고, 이에 병력을 보충하기 위해 1943년 7월 '해군 특별 지원령'을 공포하여 조선인에 대한 강제적인 동원을 더욱 확대했습니다.

그들은 왜 지원병이 될 수밖에 없었나

지원병 제도에는 자발적인 지원과 강제적인 지원이 함께 존재했습니다. 자발적인 지원의 가장 큰 요인은 징용과 마찬가지로 궁핍한 경제 사정 때문이었습니다.

1940년 조선총독부의 육군 지원자 훈련소가 발행한 잡지의 글을 보면, 지원병의 80% 이상이 소작 농민 출신이었고, 학력도 중학교 졸업자나 중퇴자는 거의 없었다고 합니다. 이는 징용의 경우와 마찬가지로 조선인 청년들이 지원병 제도를 외면할 수 없었던 근본적인 이유가 **빈곤**에 있었음을 보여줍니다.

한편 일부 조선인 청년들 가운데는 일본군에 입대하기 위해 충성을 맹세하는 혈서를 제출하는 경우도 있었습니다. 1939년에는 45명, 1940년에는 168명이 혈서를 제출했습니다. 박정희 전 대통령도 혈서를 제출하여 만주 군관학교에 입대했으며, 이 사실은 1939년 3월 31일자 《만주신문》에 실렸습니다.

박정희 전 대통령이 혈서를 쓰고 만주군에 지원했다는 기사가 실린 《만주신문》 1939년 3월 31일자

그러나 전체적으로 보면 자발성보다 강제성에 의한 지원이 훨씬 많았습니다. 당시 지원율이 20대 1에 달할 정도로 높게 나타나는 것은, 각 경찰서가 할당량을 채우기 위해 반강제로 끌고 간 경우가 많았기 때문입니다.

일제는 조선인 지원병의 수를 조선인의 일본에 대한 충성심을 보여주는 지표라고 생각했습니다. 따라서 조선총독부는 각 지역의 관공서에 지원자 수를 할당하여 지원자 수를 늘리게 했습니다. 이에 따라 지원자에 대한 회유책과 선전, 광고, 심지어 강요까지도 이루어졌습니다.

"부족한 병력을 채워라!" 피할 수 없는 징병의 굴레

전쟁이 장기화하면서 병력이 부족해지자, 일제는 마침내 식민지 조선에도 **징병제도**를 적용하게 됩니다. 조선에 대한 징병제도는 1942년의 각의 결정을 거쳐 1944년부터 실시되었습니다.

1944년부터 1945년까지 강제 징집된 조선인 청년의 수는 20만 명이 넘습니다. 징병제는 지원병 제도와는 달리 명백히 조선인을 병력 자원으로 삼는 제도였습니다. 전쟁의 막바지에서 패전의 위기에 몰린 일제는 최후 발악으로 조선인 청년들에게 침략전쟁의 총알받이가 될 것을 강요한 것입니다.

그러나 겉으로는 조선인의 자발적인 협력을 끌어내기 위한 선전이 앞섰습니다. 일제는 징병제를 시행하는 것은 어디까지나 '황국신민'에게만 허용되는 특권이며 일본과 조선은 하나라는 **내선일체**의 구호를 실현하는 것이라고 선전했습니다.

패전 후 일본 후생성이 조사한 바에 따르면, 징병으로 동원된 조선인은 육군 약 18만 7,000명, 해군 약 2만 2,000명에 달했습니다. 또한 이 밖에도 군무원으로는 육군 약 7만 명, 해군 약 8만 명에 달하는 조선인이 동원되었습니다.

펜 대신 총을 든 학생들, 학도지원병

일제는 1943년 '육군 특별 지원병 임시 채용 규칙'을 공포하여, 징집이 유예되고 있던 문과계 학생과 전문학교 학생들까지 **학도지원병**이라는 이름 아래 강제적으로 동원했습니다. 학도지원병은 한

달 만에 원서가 마감되었는데, 경성제국대학과 8개의 관·사립 전문학교생 등의 적격자 1,000명 가운데 90%가 지원했습니다. 그러나 이는 자발적 선택이라기보다 사실상 강제 징발이나 다름없었습니다.

당시 문부성은 지원하지 않는 학생에 대해서는 휴학이나 퇴학 조치를 하도록 각 대학에 지시하여, 학생들이 지원을 피할 수 없게 만들었습니다. 그래도 지원하지 않는 학생들에 대해서는 징용장을 발부하여 소집했습니다. 이렇게 소집된 학도병을 **징용 학도**라 불렀습니다.

2018년 한국 행정안전부가 발간한 '학도 동원된 조선인 젊은이의 피해 실태 보고서'를 보면 대상자로 지정된 6,203명 가운데 4,385명이 선발되었습니다. 이는 실질적으로는 학도지원병 역시 강제동원이었다는 사실을 보여줍니다. 이들 가운데 일부는 자살특공대에 선발되어 비극적인 죽음을 맞기도 했습니다.

자살 특공대가 되어야 했던 열일곱 소년의 눈물

1985년 가고시마현의 남부 치란에 **특공평화회관**이 개관했습니다. 치란은 태평양전쟁 당시 특별특공대의 출격 거점이었습니다. 우리가 흔히 말하는 가미카제특공대는 해군 소속이며, 육군의 자살특공대는 **특별특공대**라고 불렀습니다. 특공평화회관에는 육군 특별

공격대원들의 영정 사진 1,036주와 유서와 편지 등의 유품 약 1만 4,000점이 전시되어 있습니다.

특공대는 흔히 일본인 병사들만의 이야기로 기억됩니다. 그러나 조선인도 그 안에 있었습니다. 특공평화회관이 2004년에 간행한 자료집에 따르면, 특공작전에 투입되어 전사한 조선인 11명도 여기에 포함되어 있습니다.

특공평화회관에 전시된 영정 사진 가운데 하나의 액자에는 결사라는 두 글자가 큼지막하게 적혀 있고, 그 옆에 비행복을 입은 야윈 소년의 사진이 걸려 있습니다. 액자 한쪽에는 '조선 함경남도 함주군 흥남부 서호리 202번지'라는 출신지가 적혀 있고, 사진 아래에는 창씨개명한 이름 오가와 마사아키, 국적 한국, 그리고 사망 당시의 나이가 적혀 있습니다. 그는 조선인 특공대원으로 열일곱 살에 생애를 마친 박동훈입니다.

또 다른 사례로, 미츠야마 후미히로로 창씨개명한 탁경현이 있

가고시마 '특공평화회관'에 전시된
조선인 특공대의 영정 사진

습니다. 그는 1945년 5월 11일 250kg의 폭탄을 실은 전투기로 미군함을 향해서 560km를 비행하여 오키나와 해상에서 스물네 살의 생애를 마감했습니다. 탁경현은 2001년 개봉한 일본 영화 '호타루'에 등장하는 조선인 특공대원의 모델이 되었으며, 야스쿠니 신사의 전쟁 박물관에는 그의 초상 사진이 전시되어 있습니다.

2012년 3월 15일 KBS 역사스페셜에서는 다큐멘터리 〈조선인 가미카제 탁경현의 아리랑〉을 방영하면서 탁경현의 친일 논란을 다루었습니다. 과연 그를 친일파라고 단정할 수 있을까요?

특공평화회관에 전시된 조선인 11명도 야스쿠니신사에 합사되어 있습니다. 이는 그들이 죽어서도 일본이 일으킨 전쟁을 미화하는 선전 도구로 이용당하고 있음을 뜻합니다. 조선인 특공대원의 죽음은 단순한 희생이 아니라, 강요된 죽음이라는 점에서 비극이라고 할 수 있습니다.

• 일본은 창씨개명을 통해 한국인의 이름과 성을 일본식으로 바꾸게 했습니다. 내 이름을 쓰지 못하고, 강제로 다른 나라 이름을 써야 한다면 내 기분과 정체성은 어떻게 변할까요?

• 조선인 자살특공대를 '친일'이라고만 말할 수 있을까요? 개인의 선택과 강요된 상황을 어떻게 구분해야 할까요?

• 영화나 사진으로 알려진 '군함도(하시마섬)'를 찾아봅시다. 유네스코 문화유산으로 지정된 '근대화의 상징'이라는 설명과, 조선인들이 겪은 '지옥 섬'의 현실이 어떻게 다른지 비교해 봅시다.

6장

소녀들의 빼앗긴 꿈, 일본군 '위안부' 문제의 진실

1931년	만주사변 발발
1932년	상하이에 최초의 일본군 위안소 설치
1937년	중일전쟁 발발 이후 본격적인 위안소 설치
1937~1938년	난징대학살 발생
1991년	김학순 씨, 피해 사실을 최초로 공개 증언(8월) 일본 도쿄지방법원에 보상 청구 소송(12월)
1991~1992년	MBC 〈여명의 눈동자〉 36부작 드라마 방영
1992년	수요집회 시작
1993년	'고노 담화' 발표, 일본군의 관여 인정, 사과
1995년	아시아 여성 기금 시작
2000년	도쿄 '여성 국제 전범 법정' 개최(민간 법정)
2007년	일본 우익의 '역사 사실 위원회' 계열, '위안부'를 부정하는 내용의 주장을 워싱턴포스트에 전면광고로 게재
2007~2008년	각국 의회에서 관련 결의 채택
2011년	수요집회 1,000회 기념으로 '평화의 소녀상' 설치
2015년	한일 '위안부 합의' 발표
2019년	일본 아이치 트리엔날레 소녀상 전시 중단 사태
2021년	서울지방법원, 일본군 '위안부' 피해자 1차 소송 승소 취지 판결(1월 8일), 2차 소송 각하 판단(4월 21일)
2023년	서울고등법원, 일본 정부에 피해자 배상 책임 인정 판결

'위안부'라는 단어에 따옴표가 붙은 이유는?

여러분은 일본군 '위안부'라는 말은 많이 들어봤겠죠. 그렇다면 왜 '위안부'라는 말에 **따옴표**를 넣어 사용하는지 알고 있나요?

'위안'이란 원래 "노고를 위로하고 편안하게 만든다"라는 의미입니다. 그러니까 따옴표를 사용하지 않고 그냥 위안부라고 표현하면, 마치 "자발적으로 군인을 위로해 주고 편안하게 만들어 주는 사람"이라는 의미로 해석할 수 있는 것입니다. 예전에는 '여자 정신대'라고도 했는데, 이 말은 나라를 위해 자발적으로 동원된 조직처럼 들릴 여지가 있어 1990년대 이후에는 거의 사용하지 않고 있습니다. **'위안부'**라는 용어에 따옴표를 넣어 사용하는 것은 전시에 군인에게 성폭력을 당한 피해자 여성을 배려하고, 또 그 호칭 자체를 거부하는 피해자들의 뜻을 함께 고려한 표기 방식이라고 할 수 있습니다.

1990년대 이후 유엔을 비롯한 국제사회에서는 가해자를 분명하게 한다는 의미에서 일본군 '위안부'를 성노예로 규정하는 표현이 확산되었습니다. 1992년 유엔 인권위원회에서 '위안부'(comfort woman)라는 용어 대신에 '성노예'(sex slave)라는 표현을 처음 사용한 사람은 일본의 인권운동가 도쓰카 에쓰로 변호사였습니다. 그는 '위안부'는 본인의 의사와 관계없이 강제에 의한 것이기 때문에 '성노예'라고 표현해야 한다고 주장했습니다.

'성노예'는 과거만의 문제가 아니라, 오늘날에도 세계 각지에서 벌어지는 각종의 군사 충돌 및 인신매매 과정에서 여전히 존재하고 있는 현실을 드러내는 표현이기도 합니다. 따라서 이 용어는 우리가 직시해야 할 심각한 문제라는 차원에서도 의미가 있습니다.

그렇다면 '위안부'라는 제도는 언제 어떤 역사적 사정을 배경으로 만들어졌는지부터 살펴보기로 하죠.

일본군은 왜 위안소를 만들었을까?

일본은 1931년 만주사변 이후 침략전쟁이 본격화되는 과정에서, 일본군이 점령하고 있는 동아시아 각지에 위안소를 설치하고 일본군 '위안부'를 동원하기 시작했습니다. 현재 연구에 따르면, 최초의 일본군 위안소는 1932년 상하이사변 이후 중국 상하이 훙커우구에 위치한 '다이살롱'으로 일본군의 해군 장교를 대상으로 운영된 것으로 알려져 있습니다.

이후 일본군이 조직적으로 위안소를 설치하기 시작한 것은 1937년 중일전쟁 발발 직후부터입니다. 일본군이 위안소를 설치한 주요 이유는, 점령지에서 일반 병사들에 의한 강간과 무차별적인 성폭행이 빈번하게 발생했기 때문입니다. 실제로 1937년 12월 일본군이 당시 중국의 수도 난징을 함락했을 때, 수많은 중국 여성이 성폭행과 죽임을 당했습니다.

병사들의 무분별한 성폭행은 성병 확산으로 이어졌고, 이는 곧 전투력과도 직결되는 문제로 인식되었습니다. 이에 군 지휘부는 성폭행을 통제하고 성병을 관리한다는 명분 아래, 공인된 위안소의 설치를 서둘렀습니다.

더구나 성폭행을 당한 피해 여성과 그 가족들이 강한 항일투쟁의 의지를 다지게 되는 점 역시 일본군에게는 부담이 되었습니다. 일본군은 병사들의 성병을 예방하여 전투력을 유지하고, 중국 민중의 항일투쟁이 더욱 거세지는 것을 막기 위해 위안소 설치를 서둘렀습니다.

그러나 위안소 설치 후에도 성병을 예방하기는 어려웠습니다. 한 명의 여성이 수십 명의 병사를 상대했기 때문입니다. 1943년에 작성된 일본군 북중국 헌병대의 '위안소의 설비 증가 등에 대한 보고'를 보면 성병이 만연했던 위안소의 처참한 상황을 말해주고 있습니다. 보고서에서는 "대량으로 '위안부'를 이용했으며, '위안부'의 생활 환경이 열악했기 때문에 적지 않은 '위안부'가 성병에 걸려 일본군에게 전염시켰다"라거나, "성병으로 인한 피해가 매우 심각하여 전투력을 소모시켰다"라는 등의 내용이 있습니다. 이는 곧 위안소 제도가 일본군의 목적대로 기능하지 못했음을 보여주는 자료이기도 합니다.

누가, 어떻게 끌려갔을까

일본군 '위안부' 피해자의 대부분은 **식민지 조선**의 여성이었습니다. 연행 당시에는 대부분이 학교도 제대로 다니지 못한 가난한 집안의 10대 소녀들이었습니다. 조선인 여성 외에도 식민지 대만과 일본이 점령하고 있던 중국의 일부 지역, 필리핀, 인도네시아, 그리고 일본이 인도네시아를 점령할 때 미처 탈출하지 못한 네덜란드 여성들까지 '위안부'로 동원되었습니다.

'위안부' 동원에는 다양한 방법이 있었습니다. 일반적으로는 **일본군**과 **경찰**이 민간인 업자를 선정하면 그 업자가 가난하고 어린 여성에게 "돈을 벌 수 있다"라는 감언이설로 속이거나, 부모에게 돈을 주고 데려가는 방법이 많았습니다. 이것은 사실상 **유괴**나 **인신매매**에 해당하는 행위입니다. 이 밖에도 폭력과 협박을 이용한 연행도 있었습니다.

동원 과정에 민간인 업자가 개입하기는 했지만, 동원의 계획과 해외 이송, 위안소 운용 등의 모든 과정에 일본군이 직접 관여했습니다. 따라서 '위안부' 제도의 전적인 책임은 **일본군**, 즉 일본 국가에 있다는 점을 먼저 기억해 둘 필요가 있습니다. 이것은 나중에 '위안부' 소송과 배상 문제에도 중요한 쟁점이 됩니다. 일본군은 중국, 인도네시아, 필리핀 등의 점령지에서도 마을의 유력자에게 위협을 가하여 마을 여성들을 '위안부'로 연행하기도 했습니다.

그렇다면 위안소에 동원된 여성의 수는 얼마나 될까요? 일본군이 관련 자료를 조직적으로 폐기했기 때문에 정확한 수를 확인할 수 있는 자료는 없습니다. 연구자들 사이에서도 2만 명에서 40만 명이 동원되었을 것으로 볼 만큼 추정치의 폭이 넓습니다. 한국에서는 연구자의 대부분이 **20만 명**으로 추정하고 있습니다.

지옥 같았던 위안소의 나날들

강제로 끌려간 '위안소'에서 어린 여성들이 겪은 생활은 그야말로 처참했습니다. 위안소는 군의 삼엄한 감시하에 있어 탈출할 수도 없었고, 군인들의 성적인 요구를 거부할 자유도 없었습니다. 그녀들에게는 '외출의 자유', '거주의 자유', '폐업의 자유', '거부의 자유'가 모두 없었습니다. 이는 사실상 노예 상태나 다를 바 없는 삶이었습니다.

재일조선인으로 1993년 일본 정부의 공식 사죄를 요구하는 소송을 제기하고, 10년이 넘는 기간 동안 일본군 '위안부' 문제를 둘러싼 재판을 이어 온 피해자 송신도 씨의 증언을 살펴보겠습니다.

그날 이후로 군인이 연달아 오더라고, (…) 시키는 대로 하라면서 또 괴롭힐까 두려웠지. 칼을 차고 오는데, 아무튼 말이 안 통했으니까. (…) 몇 번이나 도망쳤는데 결국 잡혀 와서 두들겨 맞았어. 밥도 안 주더라고. (…) 관리인한테 맞고 군인들한테 맞아, 정말 끊임없이 맞는 거야. 그러니 정신이 이상해지는 것도 무리가 아니야. 발로 걷어차기도 했어. 그 큰 손으로, 솥뚜껑 같은 손으로 후려갈기는데, 그때 귀가 먹어서 한쪽 귀가 안 들려. (…) 맞는 데 익숙해져서 아무리 때려도 아프지 않아.

이처럼 모든 자유를 박탈당한 채 성폭력뿐만 아니라 무력적인 폭력에도 시달리는 삶은 과연 노예가 아니고 무엇이었을까요?

송신도 씨는 1922년 출생으로, 1938년 중국 우한의 위안소로 끌려갔을 당시 겨우 열여섯 살이었습니다. 옆구리와 허벅지에는 당시 일본군의 칼에 베인 상처가 그대로 남아 있었습니다.

일본 정부를 상대로 소송을 벌인 송신도 씨의 삶과 재판 과정은 다큐멘터리 〈나의 마음은 지지 않았다〉에 담겨 있습니다. 이

제목은 10년간의 기나긴 법정 투쟁 끝에 대법원까지 올라갔지만 결국 재판에서 지고 만 피해자가 "그래도 마음으로는 지지 않았다"라고 말한 것에서 따왔습니다. 송신도 씨는 2017년 12월에 세상을 떠났습니다.

다큐멘터리 〈나의 마음은 지지 않았다〉 포스터

오늘날 '위안부'의 실태는 피해자 증언, 전직 군인의 회고록, 군 관련 공문서의 발굴 등으로 많은 부분이 밝혀졌으며, **국가의 책임**이 분명해졌습니다. 그럼에도 일본 정부는 지금까지 이 문제에 대한 국가의 책임을 정면으로 인정하지 않고 있습니다. 심지어 일부 일본의 우익들은 피해 여성들을 '자발적 매춘부'로 몰아가며 비방과 중상을 일삼고 있습니다.

50년의 침묵을 깬 최초의 증언

'위안부' 피해자 여성들은 해방된 후에도 오랫동안 자신이 성노예의 희생자였다는 사실을 숨기고 살아야 했습니다. 특히 여성에게 '정조'와 '순결'을 강요하는 한국의 강한 통념 속에서, 피해 사실을 공개적으로 호소하기 어려운 환경이었습니다.

오랜 침묵과 망각 끝에 '위안부' 피해자가 처음으로 직접 목소리를 낸 것은 1991년 8월의 일이었습니다. 당시 67세의 **김학순** 씨는 자신이 '위안부' 피해자라고 실명을 밝히고 기자회견을 열었습니다. 오늘날 한일간에 논의의 쟁점이 되는 '위안부' 문제의 출발점은 바로 이때부터였습니다.

김학순 피해자의 증언은 다른 피해자들에게도 큰 용기를 주었습니다. 그 뒤를 이어 여러 피해자들이 차례로 자신의 이름을 밝히며 나왔으며, 필리핀, 대만 등의 동남아시아에서도 피해자들이 잇달아 모습을 드러냈습니다. 그해 12월 김학순 씨를 포함한 세 명의 피해자는 한국의 여성단체와 일본 인권 변호사들의 지원을 받아 일본 정부에 **사죄와 배상**을 요구하는 소송을 제기했습니다.

이 소송은 당시 일본 사회에도 큰 반향을 일으켰고, 국제사회에 널리 알려지면서 각국의 피해자들이 공개석상에 모습을 드러냈습니다. 여기에 여성단체의 조직적인 지원이 더해지면서 '위안부' 문제는 한일 양국 간의 문제에 그치지 않고 커다란 국제 문제로까지 확대되었습니다.

김학순 씨의 증언이 세상에 알려진 비슷한 시기에 MBC는 김성종의 장편소설 《여명의 눈동자》를 드라마로 제작하여 1991년부터 1992년까지 방영했습니다. 이 드라마는 당시 시청률 58.4%라는 최고의 경이적인 기록을 세웠습니다. 드라마에서는 여주인공이 '위안부'로 연행되어 일본군 병사에게 학대당하는 장면이 묘사

되었으며, 이는 한국 사회 전반에 '위안부' 문제를 강하게 각인시
키는 계기가 되었습니다.

일본 정부는 어떻게 책임을 피했을까

김학순 씨를 비롯한 피해자들의 소송에 대하여 일본 정부는 '위
안부' 동원에 대한 국가와 군의 개입을 전면적으로 부인했습니다.
그러나 1992년 일본 주오대학의 요시미 요시아키 교수가 일본 방
위청 방위연구소의 도서관에서 일본군이 '위안부' 제도에 관여한
것을 입증하는 증거 자료를 발견했고, 《아사히신문》이 이를 보도
하여 일본 정부의 공식 견해를 뒤집었습니다.

'위안부' 모집을 일본군이 주도했다는 것이 밝혀지고, 또한 국
제사회의 주목이 커지자, 일본 정부는 사태를 수습하기 위한 정치
적 대응을 모색하게 됩니다. 그 결과 1993년에 당시 내각 관방장
관(총리 보좌역) 고노 요헤이가 **고노 담화**를 발표했습니다. 담화에
는 이런 내용을 담았습니다.

군이 관여하여 많은 여성의 명예와 존엄에 깊은 상처를 입혔
다. '사죄와 반성'을 표명하면서 이 문제를 '역사의 교훈'으로
삼아 역사 연구와 교육을 통해 기억해 나갈 것이다.

그러나 이 담화는 '군이 관여'했다는 표현에 머무르며, 군이 주체였다는 사실을 애매하게 했습니다. 또 성노예 제도가 전쟁범죄였다는 사실을 명확하게 하지 않는 등의 문제가 남았습니다.

또 한 가지 중요한 것은 일본 정부가 형식적으로는 '사죄와 반성'을 표명했지만, 배상 문제는 해결되지 않았다는 점입니다. 일본 정부는 '위안부'에 대한 배상 문제는 1965년의 '한일청구권협정'으로 모두 해결되었으니 더 이상의 배상은 없다고 주장했습니다. 그러나 일본 정부가 말하는 청구권협정에서는 '위안부' 문제와 같은 국가 범죄와 여성의 인권에 관한 것은 전혀 다루지 않았습니다. 더구나 1965년 협정이 체결될 당시에는 '위안부'의 피해 사실은 논의조차 되지 않았습니다.

사과 대신 돈? '아시아 여성 기금'의 한계

일본 정부는 법적으로 배상할 필요가 없다는 기본 태도를 고수하면서, 1995년 여성을 위한 아시아 평화 국민 기금(약칭 '아시아 여성 기금')이라는 사업을 시작했습니다. 그 사업의 핵심은 일본 국민이 모금으로 마련한 '위로금' 200만 엔과 총리의 '사죄 편지'를 피해자에게 전달하는 것이었습니다.

그러나 이는 국가의 책임을 피하려는 방편에 지나지 않는 것이었습니다. 국민의 모금이라는 형식이었기 때문에 국가의 배상이라

고 할 수 없으며, 총리의 '사죄 편지'는 '위로금'을 받은 사람들에게
만 전해졌습니다. 결국 대다수 피해 여성과 지원 단체의 거센 비판
으로 이 사업은 실패로 끝났습니다.

　일본 정부가 '위안부' 문제의 근원적인 해결을 회피하고 있는
가운데, 피해자와 지원 단체는 국제사회를 향하여 계속해서 '위안
부' 피해의 실태를 고발해 왔습니다. 그 연장선에서 2000년 12월,
도쿄에서는 전 세계의 '위안부' 피해자 여성들이 참여한 **여성 국제
전범 법정**이라는 민간 법정이 열렸습니다. 이 법정에는 한국, 북한,
중국, 대만 등 8개국의 '위안부' 피해자 70여 명이 참여했으며, 국
제법 전문가로 구성된 판사단과 검사단이 도쿄재판(1946~1948)
당시의 국제법을 기준으로 재판을 진행했습니다.

　이 법정은 최종적으로 일본군 '위안부' 제도를 성노예 제도이
자 '반인도적 범죄'로 규정하고, 쇼와 천황의 유죄와 일본 정부에
국가적 책임을 인정하는 판결을 내렸습니다. 쇼와 천황은 전쟁 당
시 최고 통수권자로 1989년 사망했지만, 법정은 방대한 자료와
증거를 바탕으로 최고 책임자로서의 책임을 물었습니다.

　물론 이 법정은 민간 법정이기 때문에 법적인 효력을 가지는
것은 아닙니다. 그러나 전 세계의 피해자들이 한자리에 모여 일본
의 전쟁범죄를 국제사회에 공식적으로 고발했다는 점에서, 상징적
인 의미가 있다고 할 수 있습니다.

비가 오나 눈이 오나, 소녀상을 지키는 사람들

서울 일본대사관 앞에 서 있는 **평화의 소녀상**을 본 적이 있나요? 혹은 매주 수요일 소녀상 앞에서 개최되는 **수요집회**에 참여한 적이 있나요? 서울 일본대사관 앞에 세워져 있는 '평화의 소녀상'은 매주 수요일 이어져 온 수요집회 1,000회를 기념하여 2011년 12월에 세워진 조형물입니다. '평화의 소녀상'은 '평화비'라는 이름으로 불리기도 합니다.

'수요집회'는 일본군 '위안부' 문제의 해결을 촉구하기 위해 1992년 1월 8일부터 시작된 집회로, 피해자와 지원 단체, 시민과 학생들이 매주 수요일 주한 일본대사관 앞에서 이어 오고 있습니다. 이 집회는 비가 오나 눈이 오나 한 번도 중단되지 않았으며, 단순한 피해 보상 요구를 넘어 다시는 같은 비극이 반복되어서는 안된다는 메시지를 전하는 보편적인 평화·인권 운동으로 발전해 왔습니다.

그러나 일본에서는 이를 '반일'의 상징, 혹은 한일 관계 개선의 걸림돌로 취급하는 시각이 여전히 존재합니다. 실제로 일본 정부는 '위안부' 문제 해결에 앞서 '평화의 소녀상'을 먼저 **철거**할 것을 여러 차례 요구해 왔습니다. 이러한 태도는 일본 정부가 소녀상을 어떤 시각에서 바라보고 있는지를 단적으로 보여줍니다.

현재 '평화의 소녀상'은 한국 각지와 미국, 캐나다, 호주, 독일

등에도 설치되어 있으며, 이는 한국의 '반일 감정'을 상징하는 것이 아니라 **여성 인권**과 전시 성폭력 근절을 호소하는 상징으로 자리 잡고 있습니다.

그러나 일본 정부와 우익 단체 등은 지속적으로 압력을 가해 왔습니다. 2019년 여름, 일본 최대 규모의 국제 예술제인 '아이치 트리엔날레'에 '평화의 소녀상'이 전시되었다가 정치적 압력으로 전시가 중단되는 사태가 벌어지기도 했습니다.

과연 '평화의 소녀상'은 한일 관계의 개선에 걸림돌일까요? 오히려 가해의 역사를 직시하지 않고, '평화의 소녀상'을 반일의 상징으로만 바라보는 인식 자체가 한일 관계의 성숙한 발전을 가로막고 있는 것은 아닐까요?

세계가 일본을 비판하는 이유

'위안부' 문제에 대하여 국제적인 관심이 고조되는 가운데, **미국 연방 하원**에서도 적극적인 반응을 보였습니다. 여기에 중요한 역할을 한 인물은 일본계 미국인 3세인 마이클 혼다 민주당 하원의원이었습니다. 혼다 의원이 주도한 '일본 정부에 일본군 '위안부' 문제의 사과와 배상을 촉구하는 결의안'은 2007년 7월 하원에서 만장일치로 채택되었습니다. 이후 2014년 1월 18일 오마바 대통령은 이 하원 결의안의 이행을 촉구하는 내용이 포함된 미국 정부의 세출법안에 서명하기도 했습니다. 미 하원의 결의안 채택은 이후 각국 의회에서 '위안부' 관련 결의안이 잇따르게 하는 기폭제 역할을 했습니다.

2007년 11월 8일, 네덜란드 하원에서 일본군의 '위안부' 강제 동원에 대해 일본 정부의 공식 사과와 보상을 요구하는 결의안을 만장일치로 채택했습니다. 같은 해 11월 28일에는 캐나다 하원, 12월 13일에는 유럽의회가 '위안부' 결의안을 채택했습니다. 2008년 3월 11일에는 필리핀 하원도 '위안부' 결의안을 통과시켰습니다.

국제기구 차원의 비판도 이어졌습니다. 유엔 인권이사회는 2008년 10월 30일 보고서를 통해, 일본이 '위안부' 동원에 대한 책임을 인정하고 사죄와 보상을 통해 피해자의 존엄성을 회복할 것, 이를 학생과 대중에게 알리고 부인하지 말 것을 촉구했습니다. 이어서 2017년, 스위스 제네바에서 열린 유엔 인권이사회는 '보편적 정례 인권 검토'(UPR) 결과를 토대로 일본 정부에 성의 있는 사죄와 피해자 보상을 요구하는 권고를 내렸습니다.

2013년 기준으로 일본군 '위안부' 문제의 해결을 촉구하는 결의안은 전 세계에서 모두 115건이 채택된 것으로 집계되고 있습니다.

일본 우익들은 뭐라고 반박할까?

2007년 미 하원에서의 '위안부' 문제에 관한 결의안이 논의되자,

일본에서는 이를 저지하려는 움직임도 나타났습니다. 일본의 우파 저널리스트와 문화인 등으로 구성된 역사 사실 위원회는 2007년 6월 14일, '위안부' 문제에 관한 전면 광고를 미국의 《워싱턴포스트》에 게재했습니다. 이 광고에는 일본의 국회의원 44명과 우익 성향의 지식인 13명이 찬동 서명했습니다.

2007년 6월 14일 일본 우익이 《워싱턴포스트》에 게재한 '위안부' 문제에 대한 의견 광고

'The Facts(사실)'라는 제목의 이 광고는 "미국 국민과 진실을 공유하기 위해서 게재한 것"이라고 하면서 '위안부'는 '성노예'가 아니라, 당시 세계에서는 일반적이었던 공창 제도(정부에 의한 매춘 관리 제도)의 일종이었으며, "'위안부' 여성의 대부분은 많은 수입을 거두고 있었다"라고 주장했습니다.

'역사 사실 위원회'는 이후에도 같은 주장을 반복했습니다. 2012년 11월 4일, 뉴저지주에서 발행되는 지방지에 의견 광고를 또 실었습니다. 여기

2012년 11월 4일 일본 우익이 뉴저지주 지방지에 게재한 '위안부' 문제에 대한 의견 광고

서도 일본군이 '위안부'를 강제 연행했다는 것을 뒷받침하는 자료는 없으며, 민간 업자에 의한 것이라고 주장했습니다. 이 의견 광고의 "Yes, we remember the facts.(네, 우리는 사실을 기억하고 있습니다)"라는 머리글은, 일본 정부의 사죄를 요구하면서 뉴욕타임스와 타임스퀘어에 "당신은 기억하고 있습니까?"라는 광고를 게재한 서경덕 성신여대 교수와 가수 김장훈의 활동에 대한 반론이었습니다.

그러나 일본 우익의 이런 대응은 오히려 **역효과**를 가져왔습니다. 일본의 주간지 《AERA》는 내용에 오류가 많아 미국 지식인 사회의 조소를 샀다고 비판했습니다. 실제로 미국에서도 비판이 있었습니다. 미국 국가안전보장회(NSC)의 아시아 부장 마이클 그린은 "강제 연행 여부는 관계없다. 문제는 '위안부'가 비참한 상황에 있었다는 사실이며, 일본의 정치가들은 이 사실을 망각하고 있다"라고 비판했으며, 체이니 부통령 또한 광고가 실린 것 자체에 불쾌감을 표명한 것으로 전해졌습니다.

피해자들의 마지막 소원, 책임을 묻는 싸움

2021년 1월 8일, 서울중앙지방법원에서는 일본군 '위안부' 피해자 12명이 일본 정부를 상대로 낸 손해배상 청구 1차 소송에서 원고 **승소 판결**을 내리고, '피고는 원고들에게 각 1억 원을 지급하라'

고 명령했습니다. 이는 일본군 '위안부' 문제와 관련한 손해배상 소송에서 피해자들이 국내 법원에서 처음으로 승소한 판결로, 사건 접수 이후 5년 만에 나온 판단이었습니다.

그런데 불과 3개월이 지난 2021년 4월, 손해배상 청구 2차 소송에서는 정반대의 판단이 나왔습니다. 서울중앙지법 민사15부는 이 소송을 **각하**하며 일본 정부에 대하여 주권 면제를 인정했습니다. 재판부는 "현실적으로 주권 면제에 대한 국제 관습법과 대법원 판례의 범위에 따르면 외국 정부에 손해배상을 청구하는 것은 허용될 수 없다"라고 판단하여 1월의 판단과 상반된 결론을 내린 것입니다.

피해자들은 강하게 반발하며 **항소**했고, 2023년 11월 23일에 열린 항소심에서 결과가 다시 뒤집혔습니다. 서울고등법원 항소심 재판부는 **일본 정부**에 원고들에게 2억 원씩을 **배상**하라고 판결했습니다. 소송 비용도 일본 정부가 부담해야 한다고 판단했습니다.

한국 사법부의 이러한 판결에 대하여 일본 정부는 강하게 반발했습니다. 일본의 외무상은 담화를 통하여 "국제법과 한일 양국 간 합의에 명백히 반하는 것으로 매우 유감이며 결코 받아들일 수 없다"라고 항의했습니다. 일본이 말하는 **한일 양국 간의 합의**란 무엇을 가리키는 것일까요?

피해자가 빠진 '위안부 합의'의 문제점

2015년 12월 28일, 한일 양국은 외교부 장관 회담을 열고 **한일 일본군 '위안부' 협상 타결**(약칭 '합의')을 발표했습니다. 회담 후 공동 기자회견에서 양국이 밝힌 주요 내용은 다음과 같습니다.

1. '위안부' 문제는 당시 군의 관여로 많은 여성의 명예와 존엄에 깊은 상처를 입힌 문제로, 일본 정부는 **책임 통감**한다. 아베 총리는 다시 한번 '위안부'로서 많은 고통을 겪고 심신에 걸쳐 치유하기 어려운 상처를 입은 모든 분에게 마음으로부터 사죄와 반성의 마음을 표명한다.

2. 일본 정부는 **정부 예산**으로 모든 '위안부' 피해자들의 마음에 상처를 치유하는 조치를 모색한다. 구체적으로는 한국 정부가 피해자 지원을 목적으로 하는 재단을 설립하고, 이에 일본 정부 예산으로 자금을 일괄 갹출하여 피해자들의 명예와 존엄의 회복 및 마음의 상처 치유를 위한 사업을 행하기로 한다.

3. 위의 조치를 착실하게 시행한다는 것을 전제로, '위안부' 문제가 **최종적**이고도 **불가역적**으로 해결될 것임을 **확인**한다. 또한, 양국 정부는 한국 정부와 함께 향후 유엔 등 국제 사회에서 '위안부' 문제에 대하여 상호 비난비판하는 것을 자제한다.

이 공동 성명의 핵심은, 양국의 합의를 통해서 '위안부' 문제는 "최종적이고 불가역적으로 해결되었다"라고 선언했다는 점입니다. 그리고 일본 정부는 일본대사관 앞에 설치된 '평화의 소녀상'의 철거나 이전까지 요구한 것으로 알려졌습니다.

결국 '불가역적'이란 '다시 되돌릴 수 없다'라는 의미이니, 결과적으로 이 합의는 한국 정부가 일본 정부의 '사죄와 반성'의 표명을 받아낸 대신 일본의 요구를 완전히 받아들였던 것입니다. 더구나 '합의'는 피해자의 의사를 무시한 채 양국 정부가 문제를 서둘러 종결하려고 했다는 한계를 안고 있었습니다.

이 때문에 피해자와 지원 단체가 반발했고, 유엔 여성 차별 철폐위원회(CEDAW)에서도 '합의'의 문제점을 지적했습니다. 결국 '합의'는 실질적인 해결로 이어지지 못한 채 유명무실한 상태가 되어 버렸습니다.

우리는 무엇을 기억해야 할까

일본인의 대부분은 '위안부'에 대한 보상 문제는 이미 한일 청구권 협상에서 해결됐고, '고노 담화'를 통해서 사죄했으므로 이 이상 문제 삼을 필요가 없다고 생각하고 있습니다. 그러나 피해자와 지원 단체가 말하는 사죄란 먼저 국가가 법적인 책임을 명확히 인정하고, 그것에 뒤따르는 국가 배상, 진상 규명, 역사 교육 등의 후속 조치가 필요하다는 것을 의미합니다.

2021년 일본 히토쓰바시 대학의 학생들은 세미나 수업을 통해서 '위안부' 문제에 대하여 어떻게 해결해야 할 것인지 논의한 끝에 다음과 같은 결론에 이르렀습니다.

> 일본군 '위안부' 문제는 아직 '해결'의 출발선에도 서지 못했을 뿐더러, 일본군 '위안부' 제도를 만든 민족·젠더·계급 차별은 여전히 일본 사회에 남아 있다. 절대 '과거의 문제'로 끝날 수 없다는 말이다. (…) 이미 돌아가신 피해자를 포함한 모든 피해자의 존엄을 어떻게 하면 회복시킬 수 있을까를 고민해야 함을 잊지 말자. 그러기 위해 그 배경에 있는 일본의 침략 및 식민지 지배를 되돌아봐야 한다. 우리 일본인은 우선 '위안부' 문제를 정치 문제가 아닌 인권 문제로 바라보는 것부터 시작해야 한다.

이러한 목소리는 일본 사회 내부에서도 성찰과 변화의 가능성이 존재함을 보여줍니다. 일본의 젊은이들과 대화의 창은 열려 있고, 문제 해결을 위한 가능성은 아직 남아 있을지도 모릅니다. 우리도 한일 관계의 역사를 배우면서, 이 문제를 어떻게 이해하고 해결해야 할지 진지하게 고민하고 토론할 필요가 있을 것입니다.

• 일본 정부는 '위안부' 문제가 전쟁터에서 군인 개인들이 저지른 실수라고 변명하곤 합니다. 하지만 군대가 트럭으로 사람을 실어 나르고, 건물을 짓고, 관리했다면 그 책임은 누구에게 물어야 할까요?

....

....

....

• '위안부' 피해자들의 생생한 증언과 수많은 역사적 증거들이 있는데도, 여전히 강제성을 부정하는 주장이 존재합니다. 이런 억지 주장이 왜 잘못되었는지 본문의 팩트를 바탕으로 반박해 봅시다.

....

....

....

• 평화의 소녀상에는 잘린 머리카락, 발뒤꿈치를 든 맨발, 어깨 위의 작은 새 등 여러 가지 상징이 숨어 있습니다. 각각 어떤 의미를 담고 있는지 찾아봅시다.

....

....

....

7장

야스쿠니신사,
죽어서 '신'이 된
'영령'들

1853년	미국 동인도함대 사령장관 페리 내항(문호 개방 요구)
1869년	도쿄초혼사 건립
1874년	대만 출병
1875년	강화도사건
1879년	도쿄초혼사, 야스쿠니신사로 개칭
1882년	유슈칸(야스쿠니신사 부속 전쟁 박물관) 개관 임오군란 발생
1884년	갑신정변 발생
1894년	청일전쟁 발발
1904년	러일전쟁 발발
1931년	만주사변 발생
1937년	중일전쟁 발발
1941년	태평양전쟁 발발
1945~1952년	연합국 점령 통치
1978년	야스쿠니신사, 'A급 전범' 14명 비공개 합사
1985년	나카소네, 총리 최초로 8월 15일 공식 참배
2001년	고이즈미 총리 야스쿠니신사 참배(8월 13일)
2002년	유슈칸 리뉴얼 후 재개관
2006년	고이즈미 총리 야스쿠니신사 참배(8월 15일)
2013년	아베 총리 야스쿠니신사 참배(12월 26일)

도쿄 한복판의 화려한 신사, 그곳에 숨겨진 진짜 얼굴

일본의 수도 도쿄의 중심가에는 넓은 부지 위에 화려한 지붕이 있는 일본식 전통 건물이 있습니다. 관광객이 많은 걸 보니 박물관 같기도 하고, 건물 모양만 보면 일본식 절을 연상하게 하기도 합니다. 이 건물의 정체는 뭘까요?

사실 이 건물은 우리에게 매우 익숙할지도 모릅니다. 해마다 뉴스에 등장하는 일본 정치인들의 야스쿠니신사 참배 논란을 기억하시나요. 맞습니다. 이 건물이 바로 야스쿠니신사입니다.

야스쿠니신사 홈페이지에는 이 신사를 소개하는 한국어 안내가 있는데, 이를 보면 일반적인 일본 신사와 달리 일본 근대사의 주요 장면을 소개하는 박물관도 함께 운영되고 있음을 알 수 있습니다. 도대체 야스쿠니신사는 어떤 장소일까요? 일본은 이 신사를 통해 무엇을 기록하고, 기억하려고 하고 있을까요.

일본의 신화, 그리고 야스쿠니의 탄생

일본의 야스쿠니신사를 이해하기 위해서는 먼저 일본의 고유 종교인 신도부터 이해할 필요가 있습니다. 신도는 일본의 오랜 역사 속에서 자연발생적으로 형성된 원시 종교로, 다신교의 신을 의미하는 가미에 대한 신앙이 핵심입니다. 원시시대부터 일본인들은 채집과 수렵으로 얻은 모든 식량을 인간의 힘이 아니라 '가미'가 베푼 자연의 은혜로 인식했습니다.

오늘날 일본의 전국 각지에서 연례행사처럼 봄과 가을에 열리는 '마쓰리(축제)'도 원래는 '가미'에게 풍작을 기원하고 수확에 감사하는 전통적인 행사에서 유래했고, 매년 봄에 즐기는 '하나미(꽃놀이)'도 겨울이 끝나고 봄이 오면서 벚꽃을 피워준 '가미'에게 감사하는 행사였습니다.

이처럼 신도에서는 자연 속에 무수히 많은 '가미'가 있다고 여깁니다. 태양, 바위, 산, 폭포 등의 자연뿐만 아니라, 동식물, 심지어는 살아있는 사람과 죽은 사람까지도 '가미'로 믿는 점은 신도의 가장 큰 특징 가운데 하나입니다. 이러한 다신교적인 '가미'를 모시는 곳을 신사라고 합니다,

현재 일본 전국에는 약 12만 개의 신사가 있다고 알려져 있으며, 제각기 다양한 '가미'를 모시고 있습니다. 야스쿠니신사는 이들 신사 가운데 근대 이후에 건립된 신사이며, 그 유래를 보면 천

황을 위해 목숨을 바친 자들의 영혼을 위로하는 **초혼제**에서 비롯
되었습니다.

전쟁에서 죽어야만 '신'이 되는 이상한 신사

일본에서는 역사적으로 12세기부터 19세기까지 세 차례에 걸쳐
무사 정권이 지배하였으며, 그 최고 통치권자를 쇼군(장군)이라고
불렀습니다. 마지막 세 번째 무사 정권은 장군의 성을 따라 **도쿠가
와 막부**라 불렸고, 무사 정권의 중추인 막부가 에도(지금의 도쿄)에
있었다고 해서 **에도 막부**라고도 합니다.

에도 막부는 세 무사 정권 가운데 가장 통치력이 강했지만, 19
세기에 들어와 불어닥치는 서구 열강의 외세를 감당하기에는 한
계를 드러냈습니다. 1853년, 미국의 동인도함대 사령장관 M. 페리
가 4척의 군함을 몰고 와 무력시위로 일본에 문호 개방을 요구하
자 에도 막부는 이를 막지 못하고 개국을 결정했습니다.

이에 대하여 재야의 무사들은 굴욕 외교라고 거세게 반발하면
서 **존왕양이 운동**˙을 전개했습니다. 당시 존왕양이 운동에 투신한
무사들은 국가를 위해 뜻을 품은 무사라는 의미로 '지사'라고 불
렀습니다.

존왕양이 운동의 궁극적인 도달점
은 1868년의 **메이지유신**이었는데, 그 과

˙ **존왕양이 운동**
천황을 받들어 외세를 물
리치자는 사상 운동

정에서 많은 지사들이 막부의 권위에 도전하다가 체포되거나 목숨을 잃었습니다. 메이지유신으로 에도 막부가 무너지고 신정부가 수립된 후, 1869년 메이지 천황의 칙령으로 메이지유신 과정에서 사망한 지사들의 영혼을 위로하기 위해 세운 것이 도쿄초혼사였습니다.

1879년 도쿄초혼사는 **야스쿠니신사**로 이름을 바꾸었고, 이후 국가의 각별한 보호를 받으면서 유지되었습니다. 야스쿠니라는 이름은 '나라를 편안하게 한다'는 뜻으로, 국가를 위해 목숨을 바친 자들을 '가미'로 모시는 곳이라는 의미를 담고 있습니다. 메이지유신 이후 야스쿠니신사에는 2004년까지 246만 명 이상의 전몰

야스쿠니신사 전경

자를 합사하여 '영령'으로 모시고 있는데, 그 내역은 아래와 같습니다.

전쟁 시기	합사자 수(명)
메이지유신~1930년	124,191
만주사변(1931년)	17,176
중일전쟁(1937~1941년)	191,250
태평양전쟁~패전(1941~1945년)	2,133,915
합계	2,466,532

일본은 메이지유신 이후 1874년 대만 출병을 시작으로 대외침략전쟁을 되풀이했습니다. 그 과정에서 전사한 전몰자들을 야스쿠니의 신으로 모시면서, 야스쿠니신사는 일본 국민을 전쟁에 동원하고 천황에 대한 충성을 유도하는 장치가 됩니다.

특히 1930년대부터 침략전쟁이 확대되어 전몰자가 급증하면서 야스쿠니신사의 역할도 더욱 커졌습니다. 야스쿠니신사는 국민에게 '천황을 위해 전사하는 것을 최대의 영광이자 명예'라는 인식을 심어주면서 천황에 대한 충성과 군국주의를 확산하는 데 중요한 역할을 했습니다.

• 합사
죽은 자들의 신령을 합쳐서 하나로 만든다는 의미

패전 이후, 야스쿠니는 어떻게 달라졌을까

1945년 일본이 패전한 후, 포츠담 선언에 따라 일본이 전쟁 책임을 이행하고 새로운 정치 체제를 수립할 때까지 연합국의 점령 통치가 시작되었습니다. 미국이 주도하는 연합국의 점령 통치는 1952년까지 이어졌습니다. 점령군은 야스쿠니신사를 비롯하여 천황에게 충성을 바치고 죽은 무사와 군인들을 '영령'으로 모시는 신사를 군국주의의 잔재로 보고 엄중하게 감시하고 통제했습니다.

패전까지 야스쿠니신사는 국가의 재정 지원과 보호 속에서 유지되었습니다. 특히 전몰자들의 초혼제를 지내기 위해서는 막대한 비용이 들었는데, 국가가 그 재정적인 지원을 전적으로 부담했습니다. 그러나 패전 후 점령군이 정교분리의 원칙을 내세워 신사에 대한 국가의 경제적 지원을 중단하자, 야스쿠니신사는 전몰자의 초혼제를 지내기가 어렵게 되었습니다.

이에 따라 전몰자에 대한 초혼제가 지연되자 전몰자의 유족들이 조직한 '일본유족회'가 반발하여 국회에서도 이 문제가 반복적으로 논의되었습니다.

점령군이 철수한 후인 1960년대에 들어와 일본의 보수 정당인 자민당은 야스쿠니신사에 국가의 공금을 제공하는 것은 위헌이라는 헌법 규정의 문제를 해결하려 했습니다. 이를 위해 일본유족회와 손을 잡고, 야스쿠니신사를 국가가 관리하는 법안을 추진했습니다. 자민당은 1974년까지 다섯 차례 야스쿠니신사 국영화 법안을 국회에 제출했지만, 야당과 종교단체, 시민단체 등의 반대로 좌절되었습니다.

이후 자민당은 국영화 법안을 포기하는 대신, 총리가 직접 야스쿠니신사에 공식 참배하는 쪽으로 방향을 바꾸었습니다. 공식 참배란 총리가 수행원을 대동하고 공금을 이용하여 참배하는 공적 행위이기 때문에 야당과 종교단체는 헌법 89조에 저촉된다고 하여 반발했습니다.

그럼에도 불구하고 1985년 8월 15일, **나카소네 야스히로 총리**가 야스쿠니신사에 **공식 참배**하여 커다란 물의를 일으켰습니다. 이 사건을 계기로 야스쿠니신사가 외교 문제로까지 비화하게 됩니다. 특히 야스쿠니신사에 **A급 전범**이 합사되어 있다는 사실이 알려지자, 중국과 한국이 강하게 반발했고, 결국 나카소네 총리는 이듬해 야스쿠니신사 참배를 포기하지 않을 수 없었습니다.

전범들이 어떻게 '신'이 되어 합사되었을까

'A급 전범'이란 도쿄 전범재판에서 1931년부터 1945년까지 일본의 침략전쟁을 주도한 최고 책임자로서 유죄 판결을 받은 인물들을 말합니다. 모두 25명으로 사형 7명, 종신형 16명, 금고 2명이었습니다.

일본은 1952년 도쿄 전범재판의 판결을 수락한다는 것을 전제로 연합국과 샌프란시스코 강화 조약을 체결하고 주권을 회복했습니다. 따라서 국제 사회에서 볼 때 'A급 전범'은 명백한 전쟁범죄자이며, 일본 정부도 이를 인정한 것이었습니다.

그러나 야스쿠니신사는 1978년 10월, 사회적 반발을 피하려고 'A급 전범' 14명을 비공개로 합사하고, 이들을 국가를 위해 희생한 순국열사로 둔갑시켰습니다. 이 사실은 이듬해인 1979년 4월 19일, 《아사히신문》의 특종 보도로 세상에 알려졌습니다.

1979년 'A급 전범' 합사가 세상에 알려진 이후 일본 사회에서는 커다란 파문을 불러일으켰지만, 한국과 중국에서는 상대적으로 큰 주목을 받지 못했습니다. 그러나 6년 후인 1985년, 나카소네 총리의 공식 참배를 계기로 한국과 중국이 강하게 반발했고, 일본에서도 찬반을 둘러싼 논의가 본격화되었습니다.

1985년 나카소네 총리의 공식 참배 이후 'A급 전범' 합사를 둘러싼 논쟁은 도쿄 전범재판에 대한 평가와 일본의 전쟁 책임 문제, 아시아 태평양 전쟁에 대한 평가 등의 문제로 다양하게 전개되었습니다.

1986년 나카소네 총리가 참배를 중단한 이후, 일본의 총리가 이 신사를 참배하는 일은 한동안 이어지지 않았고, 야스쿠니신사 문제는 잠시 잠복기로 들어가게 됩니다. 그러나 15년이 지난 2001

년, 고이즈미 준이치로 총리가 취임하면서 야스쿠니신사 문제가 다시 일본 정치와 외교의 핵심 쟁점으로 떠올랐습니다.

야스쿠니 참배가 불러온 외교 갈등

2001년 4월 고이즈미 준이치로는 총리 경선 과정에서 "총리에 취임하면 반드시 8월 15일에 야스쿠니신사에 참배한다"라고 공언했습니다. 고이즈미는 이 발언으로 약 10만 명에 이르는 일본유족회 당원의 표를 획득하여 총리에 당선되었습니다.

8월 15일은 우리에게 광복절이지만 일본에서는 종전 기념일로 또 다른 상징적인 의미가 있는 날입니다. 고이즈미 총리의 8월 15일 야스쿠니신사 참배 공약에 대하여 한국과 중국이 거세게 반발하며 참배 중지를 요청했고, 일본의 언론도 대부분이 총리의 참배에 반대하는 논조를 펼쳤습니다. 그러나 고이즈미는 끝까지 자신의 의지를 고집하다가, 막바지에 가서 측근의 만류를 받아들여 이틀 앞당겨 8월 13일에 참배했습니다.

이후 고이즈미는 임기 동안 해마다 야스쿠니신사에 참배했고, 임기 마지막 해인 2006년에는 끝내 8월 15일 참배를 단행하여 내외의 논란을 뜨겁게 달구었습니다. 이 같은 참배 강행은 한일 관계, 중일 관계를 냉각시켰을 뿐만 아니라, 일본 최대의 동맹국인 미국으로부터도 공개적인 비판을 초래하는 결과를 가져왔습니다.

2006년 9월, 고이즈미의 뒤를 이어 총리가 된 아베 신조는 야스쿠니신사 참배가 외교 문제와 정치 문제로 비화하는 상황을 의식하여, 참배 여부를 명확하게 밝히지 않았습니다. 아베는 만 1년을 채우고 건강상의 이유로 사임했다가, 2012년 12월 다시 총리로 재임했습니다. 그리고 이듬해 12월 26일 야스쿠니신사에 전격적으로 참배했습니다.

아베의 야스쿠니신사 참배에 대하여 한국과 중국은 즉각 항의했습니다. 특히 중국의 외상은 러시아 외상, 미국 국무장관 등과 회담을 통해 야스쿠니신사 참배를 비판하는 국제여론을 만드는 데 앞장섰습니다.

그렇다면 미국은 일본 총리의 야스쿠니신사 참배에 대하여 어떻게 생각하고 있을까요?

미국은 야스쿠니 참배를 어떻게 바라볼까

미국은 제2차 세계대전에서 일본과 전쟁을 한 당사국입니다. 따라서 야스쿠니신사에 일본의 총리가 참배하는 문제에 대하여 비록 그것이 'A급 전범' 문제가 아니더라도, 결코 무관심할 수는 없습니다.

특히 2005년 10월 고이즈미 총리가 취임 후 다섯 번째로 야스쿠니신사에 참배하자 미국의 비판이 표면화되었습니다. 《뉴욕타임스》는 10월 17일 자 사설에서 "총리의 야스쿠니신사 참배는 일본이 일으킨 전쟁에서 피해를 본 주변국에 악몽을 불러일으키는 오류"라고 비판했습니다. 이어 10월 20일에는 공화당의 헨리 하이드 하원 외교위원장이 주미일본대사 앞으로 서한을 보내 "야스쿠니신사는 태평양전쟁에서의 군국주의의 상징"이라며, 수상의 거듭되는 참배에 저항감을 느낀다고 밝혔습니다.

그러나 실제로 미국 정부가 우려한 핵심은 일본 총리의 야스쿠니신사 참배로 인하여 중일 관계가 악화하는 것은 미국의 국익에 도움이 되지 않는다는 점이었습니다.

그런데도 고이즈미는 참배를 포기하지 않았습니다. 2006년 6월 고이즈미 총리는 임기 중 마지막 방미가 예정되어 있었고, 이때 일본 총리로서는 처음으로 미국의 상·하원 합동회의에서 연설하기로 되어 있었습니다.

그런데 방미를 한 달 앞두고 하이드 하원 외교위원장이 고이즈미 총리가 야스쿠니신사 참배를 중단하지 않는 한 의회 연설을 허용해서는 안 된다는 내용의 서한을 하원의장에게 보냈습니다. 하이드는 'A급 전범'이 합사된 야스쿠니신사에 참배하는 일본 총리가 미국 의회에서 연설하는 것은 모욕적인 일이며, 절대로 용납할 수 없다고 주장했습니다.

결국 고이즈미는 미국 의회에서의 연설을 포기하고 2006년 8월 15일 야스쿠니신사 참배를 선택했습니다. 이에 대하여 미국 민주당의 톰 랜토스 하원 의원은 "역사에 대한 건망증의 가장 심한 사례"라고 강하게 비판했습니다.

야스쿠니와 알링턴 국립묘지는 무엇이 다를까

아베 총리가 2012년 12월 총리로 재임한 후, 2013년 12월 야스쿠니신사에 참배하기까지의 1년 동안 야스쿠니신사 문제를 둘러싸고 미국과 일본은 미묘한 신경전을 벌였습니다. 논란의 발단은 아베 총리가 야스쿠니신사와 미국의 알링턴 국립묘지를 동일시하는 미국인 교수의 주장을 근거로 자신의 참배를 정당화한 데 있습니다.

2006년 5월 미국의 죠지타운 대학 교수 케빈 독은 《산케이신문》에 일본 총리의 야스쿠니신사 참배를 지지하는 논고를 세 차례에 걸쳐 기고했습니다. 그의 주장을 정리하면 다음과 같습니다.

알링턴국립묘지에는 노예제를 위해 싸운 남군 장병도 매장되어 있지만, 미국 역대 대통령이 여기에 참배한다고 해서 그것이 노예제를 찬성하는 것을 의미하는 것은 아니다. 마찬가지로 일본의 총리가 야스쿠니신사에 참배한다고 해서 그것이 'A급 전범'의 행위에 대한 찬동을 표명하는 것은 아니다. 따라서 자국의 전사자를 애도하는 것은 자연스러운 행위이므로 총리의 야스쿠니신사 참배는 장려되어야 한다.

이 주장은 일본의 우익들에게는 크게 환영받았지만, 역사적 사실이 아닐뿐더러 논리적으로도 설득력이 부족했습니다. 케빈 독 교수의 주장에 대하여 같은 대학에 재직하고 있는 조던 샌드 교수는 공개적으로 반박했습니다. 그 요지를 정리하면 다음과 같습니다.

중요한 것은 참배하는 행위의 정치성과 예상되는 외교상의 영향을 알면서도 일본의 총리가 계속해서 가고 있다는 사실이다. 국가 간의 조약은 체결되었지만, 식민지 지배와 침략전쟁에 의한 개인적 피해에 대하여 일본 정부는 아무런 배상도 하지 않고 있다. 더구나 그 피해 자체를 적지 않은 일본의 정치가는 지금도 인정하지 않고 있다. 이러한 상황을 배경으로 침략을 당한 국가의 대다수 사람은 야스쿠니신사 참배라는 상징적인 의사 표명에 대하여 분노하는 것이다.

조던 샌드 교수는 논의를 다음과 같은 지적으로 마무리했습니다.

영령을 위해 무엇을 할 것인가보다도 피해자를 위해 무엇을 할 것인가 쪽이 국가의 도덕적 정통성을 잴 수 있는 보다 나은 척도가 아닐까?

그러나 이런 비판은 아베 총리의 선택에 아무런 영향을 미치지 못했습니다. 오히려 이를 정당화하려는 움직임을 보였습니다.

아베는 2013년 2월 미국을 방문해서 **알링턴 국립묘지**에 **참배**했습니다. 이는 이후 예정되어 있던 미일 외교 일정을 염두에 둔 상징적인 행보였습니다.

같은 해 5월에는 미국의 외교 잡지 《포린 어페어스》와의 인터뷰에서 알링턴 국립묘지에 참배한 것은 국가를 위해 싸운 병사들에게 **경의**를 표하는 일이며, 마찬가지로 야스쿠니신사에 합사된 영령에 대하여 국가의 지도자가 경의를 표하는 것은 당연한 일이라고 말했습니다. 자신이 알링턴 국립묘지에 참배했으니 미국의 국가원수도 야스쿠니신사에 참배하기를 바란다는 의도를 드러낸 것이었습니다.

과연 미국이 아베의 의향대로 했을까요? 아베의 기대는 보기 좋게 빗나갔습니다. 2013년 10월 일본을 방문한 미국의 국무장관과 국방장관은 야스쿠니신사에 가지 않고 **치도리가후치 전몰자 묘원**에 헌화했습니다. 치도리가후치 전몰자 묘원은 신원 불명의 무명용사 약 35만 구의 유골이 안치된 곳으로 야스쿠니신사 인근에 있습니다.

이와 관련하여 미 국방부 고위 관계자는 치도리가후치 전몰자 묘원이 알링턴 국립묘지와 가장 유사한 장소라고 설명했습니다.

이는 곧 지난 5월 아베가 한 발언을 의식한 메시지였던 것이죠. 다시 말하자면 알링턴 국립묘지와 야스쿠니신사를 같은 부류로 말하지 말라는 '무언의 경고'를 한 것입니다.

야스쿠니에 남겨진 조선인의 이름들

일본 총리의 야스쿠니신사 참배에 대하여 한국 사회는 어떻게 대응했을까요? 이 문제를 이해하기 위해서는 먼저 야스쿠니신사와 한국의 역사적인 관계부터 살펴보기로 하죠.

야스쿠니신사와 한국과의 역사적인 관계를 이해하기 위해서는 먼저 1868년 메이지유신을 전후해서 제기된 정한론에 주목해야 합니다(1장 참조). 메이지유신의 정신적 지도자로 알려진 요시다 쇼인은 선구적으로 '정한'을 주장한 인물입니다.

물론 요시다 쇼인이 직접 조선 침략에 가담한 것은 아니지만, 이토 히로부미를 포함한 메이지유신의 지도자들에게 사상적인 영향을 미친 그가 야스쿠니신사에 합사되어 있다는 사실은 상징적인 의미를 지닙니다.

1875년의 강화도 사건'은 일본의 조선 침략이 본격적으로 시작된 계기라고 할 수 있습니다. 야스쿠니신사에서는 이때부터 일본의 패전에 이르기

· **강화도 사건**

일본 군함 운요호가 강화도 근해에 접근해 무력 충돌을 일으킨 사건. 일본은 조선의 포격을 구실로 군사적 압박을 가했고, 이를 계기로 이듬해 강화도 조약을 체결했다.

까지, 조선 침략과 식민지 지배에 저항하는 조선인을 탄압하는 과정에서 죽은 일본인을 '영령'으로 합사하여 기리고 있습니다.

강화도 사건에서 죽은 1명의 일본 병사가 그 이듬해에 야스쿠니신사의 전신인 도쿄초혼사에 합사되었고, 야스쿠니신사로 개칭한 후에는 1882년 임오군란에서 사망한 12명, 1884년의 갑신정변에서 사망한 6명의 일본인이 합사되었습니다. 그리고 청일전쟁과 러일전쟁 과정에서 조선의 의병 항쟁을 진압하다 전사한 180여 명의 병사가 '영령'으로 합사되었습니다.

또한 야스쿠니신사에는 1945년까지 일본 군인 또는 군무원으로 복무하다 전사한 한국인들도 다수 합사되어 있습니다. 이들은 식민지 시기에 강제동원되었음에도 불구하고, 전사 당시에 일본인이었다는 이유로 1996년까지 총 21,181명이 합사되었습니다.

1943년 10월, 출정병사들이 전선에 나가기에 앞서 야스쿠니신사에 집단참배하는 모습

한국의 유족들은 '태평양전쟁 한국인 희생자 유족회'와 '태평양전쟁 피해자 보상 추진협의회'의 도움으로 합사를 취소하는 소송을 제기했지만, 일본 법원은 2006년 5월 "합사는 야스쿠니신사의 판단과 결정에 따라 이루어진 것"이라고 하여 기각 판결을 내렸습니다.

이처럼 야스쿠니신사는 조선 침략과 식민지 지배를 정당화하는 데도 중요한 역할을 했을 뿐만 아니라, 패전 후에도 한국인 유족들의 상처를 치유해야 할 책임을 회피하고 있습니다. 야스쿠니신사에 참배하는 일본 정치인과 극우 인사들의 침략전쟁 미화 발언, 식민지 출신자의 합사 취소 요구를 거부해 온 야스쿠니신사의 태도는, 일본이 침략으로 얼룩진 과거의 역사에 대하여 진정으로 반성하고 있는지에 대해 근본적인 의문을 제기하게 합니다.

우리는 야스쿠니를 어떻게 바라봐야 할까

1979년 야스쿠니신사에 'A급 전범'이 합사되었다는 사실이 보도된 이후 일본에서는 커다란 파문이 일었습니다. 그러나 이때까지도 한국에서는 야스쿠니신사 문제에 대하여 거의 무관심했습니다. 한국에서 야스쿠니신사 문제에 관심을 가지는 계기가 된 것은 1985년 8월 15일, 나카소네 야스히로 총리의 야스쿠니신사 공식 참배였습니다.

그렇다면 왜 이 참배에 대하여 한국과 중국이 강하게 반발했을까요? 가장 중요한 이유는 나카소네 수상이 일본 총리로서는 최초로 8월 15일에 공식 참배를 했다는 점입니다. '공식 참배'란 수상이 일본 국민을 대표해서 참배하는 명백한 공적 행위를 의미합니다. 이는 한국에서 볼 때 일본이 여전히 과거의 침략전쟁을 반성하지 않고 있는 것으로 비친 것입니다. 'A급 전범'이 합사된 곳에 일본의 총리가 참배하는 것은 침략전쟁을 미화할 뿐만 아니라 식민지 지배를 반성하지 않고 군국주의의 부활로 이어질 가능성이 있다는 인식 때문이었습니다.

그러나 이처럼 야스쿠니 문제를 'A급 전범'에 대한 비판에만 집중하면, 근대 이후 일본의 침략전쟁과 식민지 지배 과정에서 야스쿠니신사가 수행해 온 '천황에 대한 충성을 유도하던 장치'로서의 역할 전체를 보지 못하게 됩니다.

또한 야스쿠니신사가 패전에도 불구하고 존속하면서, 근대 일본의 침략전쟁을 정당화하고 미화하는 상징적인 시설로 이용되고 있다는 사실에도 문제가 있습니다.

특히 야스쿠니신사의 부속 건물인 유슈칸은 1882년에 개관한 전쟁 박물관으로 패전 후에도 폐지되지 않고 유지되었으며, 2002년 새롭게 단장하여 재개관했습니다. 유슈칸의 안내 책자에는 이런 말이 있습니다.

야스쿠니의 영령들이 활약했던 시대인 근대사의 진실을 분명히 밝힌다.

그러나 실제 내부의 전시물들은 대부분 일본의 침략전쟁을 미화하고 정당화하는 데 중점을 두고 있습니다.

따라서 한국 사회에서도 'A급 전범' 비판에만 주목할 것이 아니라, 야스쿠니신사와 한국이 어떤 역사적인 관계에 있는지, 그리고 야스쿠니신사가 오늘날 일본인의 역사 인식에 어떤 영향을 미치고 있는지까지 관심을 기울일 필요가 있습니다.

그리고 야스쿠니신사에는 아시아 태평양 전쟁에서 전사한 전몰자들만이 아니라, 그 이전부터 일본이 아시아를 침략하는 과정에서 전사한 이들까지 합사되어 있다는 사실도 분명히 인식해야 합니다.

야스쿠니 논쟁은 끝날 수 있을까

1980년대부터 지금까지 야스쿠니 문제는 주로 나카소네, 고이즈미, 아베라는 세 명의 총리가 참배를 강행하면서 논란을 불러일으켰습니다.

아베 총리가 2013년 12월 야스쿠니신사에 참배한 이후 지금까지 일본의 총리는 야스쿠니신사에 참배하지 않고 있습니다. 아마도 일본군 '위안부' 문제가 국제사회에서 주목받고 있는 상황에서 군이 대외적 비판을 초래하는 무리수를 두기는 어려울 것입니다.

그러나 앞으로 일본의 총리가 야스쿠니신사에 참배할지 여부는 단정할 수 없는 일입니다. 일본의 자위대가 전쟁에 참여할 수 있는 환경이 만들어진 상황에서, 내각 지지율의 변화나 국내외 정치 상황에 따라 총리가 야스쿠니신사에 발길을 옮길 가능성은 여전히 배제할 수 없습니다. 현실적으로 매년 8월 15일에는 일본의 보수 정치인들이 야스쿠니신사에 참배하고 있습니다.

이런 상황에서 한국에서의 야스쿠니신사 비판은 'A급 전범'의 문제를 넘어서, 실천적이고 보편적인 평화운동의 관점에서 국제적인 연대를 병행해서 전개할 필요가 있습니다.

야스쿠니 문제를 '군국주의의 부활'이나 '침략전쟁의 미화'로 비판하는 좁은 인식에서 벗어나 '반전'과 '평화'와 같은 보편적인 가치를 바탕으로 동아시아 근대사의 전체상 속에서 야스쿠니 문제를 되돌아보고, 또한 그것이 오늘날 일본의 역사 인식에 어떤 영향을 미치고 있는지를 보다 넓은 시야에서 살펴볼 필요가 있을 것입니다.

• 야스쿠니신사는 나라를 위해 죽는 것을 가장 영광스러운 일로 보여 줍니다. 이런 메시지를 계속 듣고 자란 사람들은 전쟁을 어떻게 받아들이게 될까요?

• 한 사회가 가해자를 기리는 방식은 그 사회가 '잘못'을 어떻게 다루는지를 보여줍니다. 가해자를 기리는 기억 방식은, 앞으로의 선택에 어떤 영향을 줄까요?

• 독일이 전범에 대하여 어떻게 처리하고 기억하고 있는지, 일본의 경우와 비교해 봅시다.

8장

일본은
과거를 어떻게
기억해 왔을까

1945년	연합국 최고사령부(GHQ) 일본 점령 시작
1946년	일본국 헌법 제정공포(천황을 국가의 상징으로 규정, 전쟁 포기 조항 명시)
1948년	남한 단독 정부 수립(8월 15일), 북한 단독 정부 수립(9월 9일), 'A급 전범' 7명 교수형 집행(12월 23일)
1949년	중국 내전에서 공산당 승리, 중화인민공화국 건립
1950년	한국전쟁 발발, 문부상 아마노 데이유, '문화의 날·국가 축일 행사' 담화 발표
1962년	이에나가 사부로 교수의 고교 일본사 교과서 《신일본사》 검정 불합격
1964년	하야시 후사오 《대동아전쟁긍정론》 출간
1965년	이에나가 교과서 재판 시작(1997년까지)
1982년	'역사 교과서에 대한 내각 관방장관 담화' 발표 (근린 제국 조항)
1987년	우익 단체, 고교용 역사 교과서 《신편일본사》 간행
1991년	김학순 씨, 일본군 '위안부' 피해 공개 증언
1992년	미야자와 기이치 총리, 일본군 '위안부' 문제 공식 사과
1993년	고노 요헤이 관방장관 담화(고노 담화) 발표
1995년	문부성 교과서 검정에 일본군 '위안부' 서술 포함
1996년	후지오카 노부카쓰, '자유주의사관연구회' 결성
1997년	'새로운 역사 교과서를 만드는 모임(새역모)' 결성, 이에나가 교과서 재판 최고재판소 패소 확정

일본의 전쟁 범죄, 왜 제대로 벌받지 않았을까

일본의 역사 인식과 역사 교과서의 문제는 일본 국내의 문제일 뿐만 아니라, 주변 국가와의 갈등을 불러일으키는 국제적 문제이기도 합니다. 가장 핵심적인 쟁점은 역사의 진실을 외면하고 침략전쟁을 '아시아해방전쟁'으로 미화하며, 식민지 지배를 정당화하고 있다는 점입니다. 일본의 왜곡된 역사 인식이 패전 이후 오늘날까지 반복해서 등장하는 가장 근본적인 요인은, 연합국을 대표하는 미국이 일본의 침략전쟁에 대하여 끝까지 책임을 추궁하지 않고 철저하게 응징하지 않았기 때문입니다.

연합국의 패전국 일본 점령을 총괄한 연합국 최고사령부(GHQ)는 점령 초기, 일본 군국주의의 근절과 민주화를 핵심 목표로 내세웠습니다.

점령군이 일본 민주화를 위해 거둔 성과 가운데 가장 중요한 업적은 대일본제국 헌법을 폐기하고, 1946년 11월 3일 새로운 일본국 헌법을 제정 공포한 것이었습니다(시행은 1947년 5월 3일). 일본국 헌법은 제1조에서 천황을 국가의 상징이자 국민통합의 상징으로 규정하고, 제9조는 아래와 같이 전쟁 포기 조항을 명시했습니다.

전쟁과 무력에 의한 위협, 또는 무력의 행사는 국제 분쟁을 해결하는 수단으로서는 이를 영구히 포기한다.

그런데 점령군의 민주화를 위한 개혁 정책은 여기에서 멈추고 맙니다. 1948년, 한반도는 남한과 북한이 각각 단독 정부를 수립하면서 분단 상태가 굳어졌습니다. 이듬해인 1949년에는 중국의 내전에서 공산당이 승리하여 중화인민공화국이 수립되었습니다. 이처럼 미국을 비롯한 자유주의 진영과 공산주의 진영과의 대립이 심화되자, 미국은 공산주의 세력이 확대하는 것을 우려하여 점령 정책의 방향을 전환하기 시작합니다. 이를 역코스 정책(Reverse Course)이라고 부릅니다.

이에 따라 점령군은 일본의 공산주의자를 비롯한 좌익 세력을 공직에서 추방하기 시작했으며, 동시에 공직에서 추방했던 군국주의자들을 다시 복귀시켰습니다. 결국 일본의 전쟁범죄에 대한 응징과 처벌은 끝내 충분히 이루어지지 않았고, 이는 침략전쟁을 반성하지 않고 정당화하는 데도 영향을 미쳤습니다. 침략전쟁을 일으킨 자들이 제대로 처벌받지 않고 공직에 복귀하고, 또 그 후손들이 일본 보수 정치의 기반을 만들고 이끌어 오면서, 침략전쟁을 진지하게 반성하지 않고 오히려 정당화하는 결과를 가져왔습니다.

그 대표적인 사례가 **기시 노부스케**입니다. 중일전쟁 당시 만주국의 고위 관료였고 태평양전쟁 당시에는 상공대신을 지냈던 그는 패전 후 'A급 전범' 용의자로 체포되어 수감되었습니다. 그러나 1948년 12월 23일 7명의 'A급 전범'이 처형된 다음 날 맥아더 사령관의 크리스마스 특사로 석방되었습니다.

이후 그는 공직에 복귀하여 1956년부터 아홉 차례 연속으로 중의원에 당선되었고, 일본의 56·57대 총리를 지내고 향년 91세의 나이로 생을 마쳤습니다. 그는 자신의 회고록에서 이렇게 말했습

기시 노부스케의
스가모 형무소 수
형 사진

니다.

> 미국을 중심으로 한 연합국의 점령정책은 전쟁 책임을 모두 일
> 본인이 짊어지게 하여, 일본 국민이 오늘날 받는 곤궁과 굴욕
> 은 모두 자업자득이라는 것을 주입하는 데 있었다.

이 발언은 전쟁 책임에 대한 그의 인식이 어떠했는지를 잘 보
여줍니다. 이처럼 패전국 일본에 대한 점령군의 개혁 정책은 미완
에 그쳤으며, 그 잔재는 오늘날 일본의 역사 인식에도 깊은 영향을
미치고 있습니다.

덧붙여 말하자면 2000년대에 세 차례 총리를 역임하면서 한
일관계를 최악의 상태에 빠뜨린 아베 신조는 기시의 외손자입니
다. 아베는 2022년 선거 유세 지원 중에 총격사건으로 사망했습
니다.

전쟁이 끝난 뒤, 학교에서는 무엇을 가르쳤을까

점령군의 '역코스 정책'으로 공직에서 추방된 자들이 복귀하면서,
패전 이전과 마찬가지로 천황을 중심으로 국민의 애국심을 강화
하려는 움직임이 고개를 들기 시작했습니다.

1950년 10월, 아마노 데이유 문부상은 '학교에서의 문화의 날

과 기타 국가 축일 행사에 관하여'라는 담화를 발표하여, 국가적인 축일의 의미를 학생들에게 철저하게 주지시킬 필요가 있다고 밝혔습니다. 그는 축일 행사에서는 국기의 게양과 국가 제창이 바람직하다고 강조했습니다.

여기서 **문화의 날**(11월 3일)은 원래 메이지 천황의 생일이었습니다. 메이지 천황이 재위 시기에는 '천장절'로, 죽은 후에는 '메이지절'로 불리며 천황에 대한 충성을 고취하는 국가적인 축일로 이용되던 날이었습니다. 이 날이 패전 후 '문화의 날'로 이름을 바꾸어 부활한 것은, 단순한 국경일 재설정이 아닙니다. **천황**을 중심으로 재차 국민통합을 강화하려는 의도를 드러낸 것이라 할 수 있습니다.

이처럼 도덕교육을 애국심과 천황에 대한 경애심과 결합해 강조하는 문부성의 기본 방침은 이후에도 그대로 계승되었습니다. 1958년 문부과학성은 소·중학교 '학습지도요령'을 개정하여 **교과서 검정제도**를 통한 역사 교과서 기술에 대한 개입을 강화했습니다. 이에 대하여 진보 진영이 크게 반발했으며, 이 논쟁은 1960년대에 들어와 교과서 검정제도를 둘러싼 재판으로 이어지게 됩니다.

경제성장 뒤로 밀려난 전쟁 책임

한국전쟁으로 한반도에서 전쟁이 한창일 때, 패전으로 폐허가 되었던 일본은 **전쟁 특수**를 누리면서 **고도성장**의 발판을 마련했습니다. 이는 미국이 한국전쟁에 필요한 군수물자를 일본에서 제조하여 공급했기 때문입니다. 이후 일본은 1973년 제1차 오일쇼크까지 거의 20년간 연평균 10% 이상의 비약적인 경제성장을 이루게 됩니다.

고도성장이 궤도에 오른 1960년대에 들어서자, 일본 사회에는 자신감의 회복과 함께 과거의 침략전쟁을 정당화하는 역사 인식을 노골적으로 드러내기 시작했습니다.

1964년 출간된 하야시 후사오의 《대동아전쟁긍정론》은 일본의 침략전쟁을 서양 제국주의의 침략으로부터 아시아를 지키기 위한 '아시아해방전쟁'으로 정당화하여 커다란 반향을 불러일으켰습니다.

또한 일본 정부는 1968년 메이지유신 100년을 맞아 일본 근대화의 '성공'을 대대적으로 선전하는 '메이지유신 100년제'를 전개하여 국민에게 자신감을 불어넣었습니다. 같은 시기에 러일전쟁을 배경으로 한 국민 작가 시바 료타로의 《언덕 위의 구름》은 1972년까지 5년간 《산케이

2009년부터 2011년 NHK대하드라마로 부활한 〈언덕 위의 구름〉 포스터

신문》에 연재되면서 선풍적인 인기를 누렸습니다. 이 소설은 러일 전쟁의 승리를 일본의 '성공'과 '영광'으로 동일시하는 인식을 일본인의 정신적 심층에 뿌리내리게 한 작품으로 평가됩니다.

이런 흐름에 문제를 제기하며, 32년이라는 장기간의 법정 투쟁을 전개한 양심적인 역사학자가 있었습니다. 그 중심에 있었던 사건이 '이에나가 교과서 재판'입니다.

국가 교과서 검정에 맞선 32년 간의 재판

이에나가 교과서 재판이란, 이에나가 사부로 교수가 자신이 집필한 고등학교 일본사 교과서 《신일본사》를 문부성이 검정에서 불합격 판정한 것에 항의하여 일본 정부를 상대로 일으킨 일련의 소송을 통칭하는 말입니다. 이 재판은 1965년의 제1차 소송부터 1997년의 최고재판소 판결까지 무려 32년이나 이어졌으며, '가장 긴 민사 소송'으로 기네스 세계기록에 등재되었습니다.

문부성은 1962년 교과서 검정에서 이에나가 교수의 《신일본사》에 대하여 "전쟁을 지나치게 어둡게 표현하고 있다"는 등의 이유로 불합격 처분했습니다. 이에나가 교수는 1930년대부터 본격화하는 일본의 침략전쟁을 비판하고 난징대학살을 교과서에 명시했는데, 문부성은 이 부분을 문제 삼아 지나치게 '어둡다'고 판단한 것입니다.

이에 대하여 이에나가 교수는 문부성의 교과서 검정은 헌법에서 금지하는 검열에 해당하며, '표현의 자유'에 대한 위반이라고 주장하여 소송을 제기했습니다.

교과서 재판의 1차 소송에 대해 1974년 7월에 도쿄지방재판소가 내린 판결은 '교육권 침해와 헌법 위반'이라는 이에나가 교수의 주장을 부정하고, 교과서 검정도 헌법 21조가 금지하고 있는 검열에 해당하지 않는다고 판단했습니다. 다만, 검정 의견 가운데 일부는 재량권을 남용했다고 보아, 국가 측에 10만 엔의 배상을 명령했습니다.

이에나가 교수는 이에 불복하여 2심을 청구했지만, 1986년 3월 고등재판소는 국가의 주장을 전면적으로 받아들이고, 재량권의 남용도 인정하지 않아 청구를 기각했습니다. 이에 반발한 이에나가 교수는 최고재판소에 상고했지만 1997년 판결은 2심 판결을 유지하며 상고를 기각했습니다.

비록 이에나가 교수의 소송은 패소했지만, 국가 권력이 교과서 검정제도를 이용하여 침략전쟁을 부정하고 과거의 군국주의 시대로 회귀하려는 시도에 제동을 걸었다는 점에서 중요한 의의가 있습니다

재판 과정에서는 진보적인 역사학자와 교육자들이 폭넓게 지원활동을 전개했습니다. 이러한 양심적인 역사학자, 교육자, 시민

세계 각지의 언론에서 보도한 이에나가 교과서 재판

단체 등의 노력으로, 1980년대 이후 역사 교과서에서는 문부성 검정에도 불구하고 일본의 침략전쟁과 전쟁범죄에 관한 기술이 점차 등장하기 시작했습니다.

그런 의미에서 침략의 역사에 대한 반성과 피해국과의 화해를 위해 노력한 이에나가 교수의 법정 투쟁은, 한일 두 나라의 시민사회가 화해하고 연대할 수 있는 희망의 기억이라고 평가할 수 있습니다.

교과서 한 줄이 외교 문제가 되다

일본 문부성의 교과서 검정은 1980년대에 들어와 국제적인 문제로 비화했습니다. 1981년부터 1982년에 걸쳐 문부성은 고등학교

사회과 과목에서 근대 일본의 역사를 정당화하고 긍정적으로 서술하는 방향으로 검정을 강화했습니다.

이에 1982년 6월 26일, 일본의 각 신문은 교과서 검정에서 1930년대 일본의 기술에 관하여 일본군의 중국 침략을 진출로 수정하라는 지시가 있었다는 사실을 보도했습니다. 이것은 후일 언론사의 '오보'로 확인되었지만, 교과서 검정 과정에서 일본의 침략전쟁과 식민지 지배에 관한 서술을 왜곡하려는 시도가 있었던 것은 사실이었습니다.

한국사와 관련해서 교과서 검정 조사관들이 제시한 수정 의견에는 다음과 같은 사례들이 포함되어 있었습니다.

- 3·1 운동 → 3·1 소요
- 동학농민운동 → 동학당의 난
- 조선인을 강제적으로 연행하여 광산 등에서 혹사시켰다→당시 조선은 일본 영토이며, 국민징용령을 적용했기 때문에 강제적이라고 말할 수 없다.

이러한 수정 지시는 일본의 침략전쟁과 식민지 지배의 성격을 흐리거나 부정하려는 의도가 교과서 검정 과정에 구조적으로 개입되어 있었음을 보여줍니다.

이 사건을 계기로 한국과 중국에서 일본의 역사 교과서를 비판하기 시작했습니다. 한국과 중국에서 연일 반일 시위가 이어지자, 일본 정부는 이 문제를 해결하기 위해 1882년 8월 26일 '역사 교과서에 관한 내각 관방장관 담화'를 발표했습니다. 일명 근린 제국 조항이라고 불리는 담화의 요지는 "아시아 근린 국가와의 우호, 친선을 위해 한국과 중국 등의 비판에 충분히 귀를 기울이고 정부의 책임하에 시정한다"라는 내용을 담고 있었습니다.

일본 정부의 '근린 제국 조항'은 외교적 갈등을 완화하려는 조치였지만, 일본 우익에게는 굴욕 외교로 비쳤습니다. 이에 일본의 최대 우파 조직 '일본을 지키는 국민회의'는 1987년 고교용 역사 교과서 《신편일본사》를 간행하여 또다시 외교 문제로 비화했습니다. 특히 중국이 강력하게 항의하자 나카소네 총리는 문부성에 검토를 지시하여, 이례적으로 재심의가 이루어졌습니다. 이에 대하여 '일본을 지키는 국민회의'를 비롯한 40여 개의 우익 단체가 정부와 문부성에 대한 규탄대회를 열었습니다. 결국 《신편일본사》는 검정에 합격했지만 채택률은 1% 미만에 그쳤습니다.

《신편일본사》 표지.

그들은 왜 끊임없이 망언을 쏟아낼까

과거의 역사를 반성하지 않는 일본 역사 교과서 문제의 배경에는 아시아 근린 국가에 대한 뿌리 깊은 우월의식이 여전히 자리하고 있었습니다. 한 가지 예를 들어보죠.

1984년 9월에 예정된 전두환 대통령의 일본 방문을 앞두고 겉으로는 한일간에 화해 분위기가 조성되고 있었습니다. 그해 7월에는 부산과 시모노세키를 왕복하는 부관페리의 선상에서 한일 관계 개선을 위한 양국 지식인들의 회담이 열렸습니다.

이 자리에서 한국 측의 김영작 국민대학교 정치외교학과 교수가 일본 사회에 여전히 남아 있는 반성하지 않는 역사 인식에 대하여 지적하자, 일본 측의 영화감독 오시마 나기사가 <u>바카야로</u>라고 발언하여 커다란 물의를 일으켰습니다. 공식 석상에서 서슴지 않고 이런 말을 내뱉었다는 것은 여전히 한국을 무시하는 인식이 잠재하고 있었음을 보여주는 단적인 사례라 할 수 있습니다.

앞서 말한 나카소네 총리의 야스쿠니신사 공식 참배 문제에 대해 일본의 보수우파들은 한국과 중국의 항의를 <u>내정간섭</u>이라고 반발하면서, 그동안 내면에 품고 있던 침략 전쟁과 식민지 지배를 정당화하는 역사 인식을 표면적으로 드러내기 시작했습니다.

이러한 갈등은 냉전체제가 무너진 1990

• **바카야로**
식민지 시기에 '조센징(조선인)'과 같은 멸칭의 뉘앙스로 사용되던 말

년대 이후부터 더욱 잦아졌고, 오늘날까지 충돌의 연쇄를 되풀이하고 있습니다.

냉전이 끝나자 터져 나온 '역사 전쟁'

제2차 세계대전 종결 후 반세기에 걸친 냉전체제의 지속은 일본의 역사 청산을 오랫동안 가로막는 장애물이 되었습니다.

냉전체제 하에서 일본의 침략과 식민지 지배, 그리고 점령 지배를 받았던 동아시아와 동남아시아의 개발도상국은 대부분 군사 독재나 전제적인 지배 체제 아래에 놓여 있었습니다. 이들 국가는 일본과의 사이에 배상이나 차관의 형태로 강화를 맺으면서 개인의 보상은 처음부터 논의의 대상에서 배제되었습니다. 특히 일본의 식민지 지배를 경험한 한국은 1965년 한일기본조약을 체결하면서 '전후 보상'에 대한 피해자 개인들의 목소리는 공식적으로 제기하기 어려웠습니다.

그러나 1990년을 전후해서 냉전이 종결된 이후, 한국은 북방 외교로 국제적인 교류 범위를 크게 넓히게 되었습니다. 그 결과 일본과의 대립을 회피해야 할 정치적 제약이 약해졌습니다. 동시에 식민지 시대에 피해를 보았던 개개인의 대일 비판을 억제할 필요성도 없어졌습니다.

이에 따라 1965년 한일 청구권 협정에서 해결되었다고 하는 보상 문제에 대하여, **개인의 보상**과 **권리 회복**을 요구하는 목소리가 분출하기 시작했습니다. 1991년 김학순 씨로 대표되는 일본군 '위안부' 희생자들이 직접 목소리를 내기 시작한 것은 이러한 변화의 상징적인 사례였습니다.

이제까지는 역사 교과서 문제와 야스쿠니신사 문제가 한일 간에 쟁점이 되어 왔지만, 1990년대에 들어와서는 일본군 '위안부' 문제가 새로운 쟁점으로 떠오른 것입니다.

한국과 중국 등 주변 아시아 국가들의 대일 비판이 거세지자, 일본에서도 변화의 움직임이 나타나기 시작했습니다. 1992년에는 일본군에 의한 위안소 설치와 모집에 관한 **공문서** 자료가 **발견**되어 국가의 책임을 부정하던 일본 정부도 태도를 바꾸지 않을 수 없게 되었습니다.

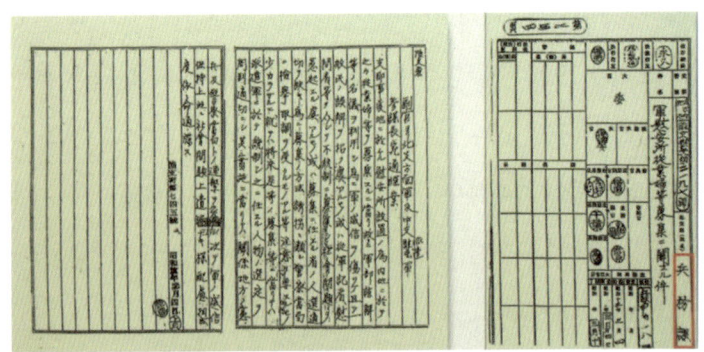

일본군 '위안부' 모집에 관한 공문서(1938년)

당시 미야자와 기이치 총리는 한국을 방문하여 일본군 '위안부' 문제를 사과했으며, 1993년에는 고노 요헤이 관방장관의 담화, 이른바 고노 담화를 발표했습니다. 이 담화에서 일본 정부는 일본군 '위안부' 문제에 관한 국가의 관여와 강제성을 부분적으로 인정하고 사과했습니다. 그 결과 일본의 중고등학교 역사 교과서에도 일본군 '위안부' 문제가 실리게 되었습니다.

그러나 이러한 변화에 대해 일본의 보수우파들은 강하게 반발했습니다. 그들은 일본의 침략전쟁을 부정하고 식민지 지배를 정당화하며, 일본군 '위안부'에 대한 국가의 책임도 부인했습니다. 이 과정에서 각료들의 '망언'도 1990년대부터 더욱 자주 등장했습니다. 이러한 흐름 속에서 '역사 수정주의', 또는 '네오내셔널리즘'으로 불리는 일본의 새로운 국가주의 운동이 대두했습니다.

역사를 입맛대로 고치려는 사람들, '역사 수정주의'

1995년 문부성에 교과서 검정을 신청한 중학교 역사 교과서에 일본군 '위안부'에 관한 내용이 게재되자, 역사 수정주의자들이 크게 반발하면서 사회적인 논란을 일으켰습니다.

역사 수정주의자들이 이렇게 반발한 배경에는 1990년대 이후 일본의 정치적 혼란과 장기적인 경기 침체, 그리고 청소년 흉악 범죄의 증가 등과 같은 사회적 불안이 있었습니다. 더구나 패전 후 냉전체제 하에서 경제 대국으로 성장한 일본으로서는 냉전체제 붕괴 이후의 급변하는 국제 정세에 능동적으로 대응하지 못하는 것에 대한 불안감도 있었습니다.

역사 수정주의자들은 이러한 내외의 정세 변화를 **국가의 위기**로 받아들였습니다. 그리고 '아름다운 일본의 전통'을 지키고 '국가에 대한 긍지'를 가질 수 있는 '새로운 국가와 국민 만들기'를 주장하면서, 역사 왜곡을 국민적인 운동으로 전개하기 시작했습니다.

당시 역사 수정주의를 주도한 인물은 도쿄대학 교육학부 교수 후지오카 노부카쓰였습니다. 그는 역사 교과서가 근대 일본의 역사를 지나치게 비판적으로 서술하고 있다고 주장하며, **자유주의 사관연구회**를 결성했습니다.

후지오카는 냉전체제 붕괴 이후의 세계사적인 변화 속에서 그동안 일본이 추구해 오던 **일국 평화주의**는 더 이상 유지될 수 없다고 보았습니다. 따라서 그는 일본이라는 국가를 되찾고 올바른 국가 진로를 모색하기 위해서는 무엇보다도 새로운 역사관을 수립해야 한다고 주장했습니다.

> **· 일국 평화주의**
> 전쟁에 참여하지 않고 군사적 개입을 피하며 평화를 유지하려는 전후 일본의 국가 노선

그는 이러한 자신의 주장을 정당화하기 위해서 기존의 중고등학교 역사 교과서를 비판의 대상으로 삼았습니다. 그는 패전 후 반세기에 걸쳐서 중고등학교 역사 교과서의

대부분이 근현대사 부분에서 일본의 제국주의적인 침략과 식민지 지배, 전쟁책임, 전쟁범죄 등을 지나치게 강조하는 **자학사관** 또는 **암흑사관**으로 서술하고 있다고 보았습니다. 그는 이러한 교과서로 역사교육이 이루어졌기 때문에 '반일적인 일본인'을 대량 생산하는 결과를 가져왔다고 주장했습니다.

위험한 교과서를 만드는 모임의 정체

'자유주의사관연구회'는 이듬해 **새로운 역사 교과서를 만드는 모임** (약칭 '새역모')이라는 대규모 우파 조직으로 발전하게 됩니다. 그리고 새역모는 '자학사관'에서 벗어난 '새로운 역사 교과서'를 만들겠다는 목표 아래, 중학교 역사 교과서 집필에 착수했습니다.

'새역모'는 겉으로는 일본인으로서의 자부심을 되찾아야 한다고 주장하지만, 그 궁극적인 목표는 대국주의적인 내셔널리즘을 복원하여 강한 국가를 지향하는 데 있습니다. 그 과정에서 개인의 인권과 보편적 가치를 부정하고, 세계 평화에 대한 책임도 가볍게 취급했습니다.

2001년 3월, '새역모'의 교과서 검정을 앞두고 노벨문학상을 수상한 작가 **오에 겐자부로**는 이 교과서에 대하여 "종군 위안부, 731부대 관한 언급이 줄었고, 일본의 한국 식민지 지배와 중국 침략을 정당화하고 있다"고 비판했습니다. 이는 가해의 역사를 후퇴

시킨 역사 교과서에 대하여 우려를 표명한 것입니다. 이러한 비판에도 불구하고 '새역모'에서 집필한 '새로운 역사 교과서'는 4월 3일 교과서 검정에 합격했습니다.

'새역모'는 당초 교과서 채택률 10%를 목표했지만, 한국과 중국의 거센 항의와 시민단체가 연합하여 벌인 채택 저지 운동의 결과 실제 채택률은 0.4%에 그쳤습니다. 이로 인하여 '새역모'는 책임 문제를 둘러싸고 내분이 발생하여 이합집산을 거듭했습니다. '새역모'에서 탈퇴한 자들은 2006년 '교과서 개선의 모임'을 결성했지만, 식민지 지배와 침략전쟁을 정당화하는 역사 수정주의의 기본 인식에는 별다른 차이가 없습니다. 다만 이들이 출간한 교과서의 채택률이 2001년 0.4%에 그치던 것이 10년이 지난 2011년에는 4%로 증가했다는 점은 그만큼 일본 사회가 우경화로 진행하고 있다는 것을 말해주고 있습니다.

이후 일본의 역사 교과서는 전반적으로 더욱 후퇴하는 경향을 보였습니다. 2021년 스가 요시히데 내각은 '종군 위안부'와 '강제 연행'이라는 용어가 부적절하다는 입장을 각의에서 결정했습니다. 이에 따라 중학교 사회 과목과 고등학교 지리 역사, 그리고 공민교과서에 있는 '종군 위안부'와 '강제 연행'의 기술에 관하여 7개의 교과서 출판사가 잇달아 정정 신청을 했고, 문부성의 승인을

• 공민교과서
일본의 정치, 사회를 주된 내용으로 하는 교과서

받았습니다. 결국 각의 결정으로 인하여 거의 모든 교과서에서 '종군 위안부'와 '강제 연행'의 기술이 삭제되었습니다.

그래도 희망은 있다, 일본의 양심 세력

지금은 작고한 일본의 저명한 평론가 가토 슈이치는 역사 수정주의의 역사 인식에 대하여 다음과 같이 비판했습니다.

> 진정한 의미에서의 예리한 역사의식, 긍지를 가질 수 있는 역사의식이란 자기비판 이외에 있을 수 없다. 자기비판이 냉정하고 객관적이며 용기에 가득 차 있다는 것은 그 개인, 그 사회의 정신적, 지적 능력이 높다는 증거이다. (…) 그렇기에 자기비판의 힘이야말로 긍지의 증거인 것이다.

일본에는 가토 슈이치 같은 문제의식을 공유하는 지식인과 시민들도 적지 않습니다. 그들은 역사 수정주의 운동에 대항하여 근대 일본의 식민지 지배와 전쟁책임을 명확히 해야 한다고 주장하고 있습니다. 또한 그들은 역사 수정주의의 주장이 확산되면 일본과 주변 국가와의 사이에 갈등이 생기는 것을 우려하며, 헌법 9조와 평화를 지키는 시민운동을 전개하고 있습니다.

2001년과 2005년에 '새역모'가 편찬한 새로운 역사 교과서가 대규모의 채택 운동에도 불구하고 채택률이 1% 이하로 저조했던 배경에는, 이에 대해 조직적인 반대운동을 이끈 '어린이와 교과서 전국 네트워크 21'의 역할이 있었습니다. 이 단체는 지식인과 노동조합, 시민단체 등의 전국적인 연대를 결성하고 일본과 한국의 국경을 초월한 연대운동 등을 통하여 활발한 반대운동을 전개했습니다.

일본의 양심적 지식인과 시민단체의 노력은 우리에게 연대와 희망의 손길이라고 할 수 있을 것입니다.

• 역사 교과서를 둘러싼 갈등은 종종 "무엇을 쓸 것인가"보다 "무엇을 빼느냐"에서 시작됩니다. 역사에서 지워지는 내용은 주로 어떤 것들일까요?

• 2차 대전 후 국제 정세는 일본의 전쟁 책임을 묻는 것보다, 반공 파트너로 삼는 것을 더 중요하게 여겼습니다. '정치적 이익'을 위해 '과거사 청산'을 덮어버린 당시의 결정이 오늘날 우리에게 어떤 비용을 치르게 하고 있나요?

• 일본의 우익 단체들은 역사 교과서에서 '위안부'나 '강제 연행' 같은 단어들을 집요하게 지우려 합니다. 부끄러운 과거를 감추고 가르치지 않는 태도가 훗날 일본의 미래 세대에게 어떤 악영향을 미칠지 생각해 봅시다.

식민지 지배는 어떻게 정당화되었을까

1890년	일본 도쿄제국대학 세 명의 교수, 《국사안》 편찬
1910년	한국병합
1933년	백남운, 《조선사회경제사》 출간
1945년	일본 패전과 해방
1950년	한국전쟁
1960년대	'자본주의 맹아론' 확산
1990년대	'식민지 근대화론' 등장
2000년대	'뉴라이트 사관' 등장
2010년대	'한일 역사 문제를 둘러싼 사회적 논쟁' 쟁점화

"일본 덕분에 발전했다고?" 선 넘은 주장의 정체

식민지 근대화론은 일제강점기 식민지 지배 과정에서 경제가 성장하고 근대화의 토대가 이루어졌다고 보는 역사관을 말합니다. 이렇게 식민지 시기를 긍정적으로 평가하면, 당연히 그 이전의 조선 시대를 부정적으로 볼 수밖에 없습니다. 또한 해방 이후 우리가 이룩한 경제성장도 식민지 시기에 어느 정도 근대화가 이루어졌기 때문에 가능했다는 논리로 이어지게 됩니다.

이러한 논리는 반일 감정이 강한 우리나라의 일반적인 국민 정서로 볼 때 받아들이기 어려운 주장이라 할 수 있겠죠. 그럼에도 '식민지 근대화론'은 1990년대부터 한국 역사학계에서 중요한 논쟁거리로 떠올랐습니다.

식민지 시대의 경제성장과 근대화를 긍정적으로 평가하는 '식민지 근대화론'이 등장하는 배경을 이해하기 위해서는, 먼저 일제의 식민지 지배를 정당화하는 **식민사관**이라는 역사관부터 살펴볼 필요가 있습니다.

그리고 '식민지 근대화론'이 1990년대 이후 어떤 방향으로 전개되었는지를 살펴보면, 최근에 논란이 되는 **뉴라이트 사관**이 그 연장선에 놓여 있음을 알 수 있습니다. 이 장에서는 일제강점기의 '식민사관'부터 최근의 '뉴라이트 사관'에 이르기까지 그 흐름과 특징을 비판적으로 살펴보려 합니다.

침략을 정당화하는 억지 논리, '식민사관'

'식민사관'이란 식민지 지배 국가가 식민지 지배를 정당화하기 위해 만들어낸 역사관을 말합니다. 우리나라에서는 주로 일제가 한국의 식민지 지배를 정당화하기 위해서 만든 역사관을 말하는데, 그 기본 논리는 '일선동조론', '타율성론', '정체성론'의 세 가지로 정리할 수 있습니다. 차례대로 간단하게 살펴보기로 하죠.

일선동조론은 "일본과 조선의 조상은 뿌리가 같다"라는 주장으로, 이미 청일전쟁 이전부터 등장했습니다. 예를 들면 1890년, 세 명의 도쿄제국대학 교수가 편찬한 《국사안》에서는 일본 신화에 나오는 1대 진무 천황의 형이 신라의 왕이 되었다고 서술하고 있습니다.

이후 1910년 한국병합이 이루어지자 '일선동조론'은 일제의 식민지 지배를 정당화하는 핵심 논리로 자리 잡게 됩니다. 일본의 어용학자들은 "한국병합은 일한 관계가 태고의 상태로 복귀한 것이다"라든가, "한국은 실로 빈약한 분가이며 일본은 실로 부강한 본가"라고 하여, '일선동조론'의 논리로 일본의 한국 지배를 정당화했습니다.

타율성론은 간단하게 말하면 한국의 역사에는 주체성과 독자성이 없으므로 일본의 지배를 받아야 한다는 주장입니다. 일제는 이러한 역사 이론을 정당화하기 위해 한국사에서 외세에 의존한 사례들만 골라, 그것을 역사의 주류로 서술했습니다.

예를 들면 오늘날 우리가 일반적으로 사용하는 '사대주의'라는 개념도 이때 만들어졌습니다. 일제의 어용학자 가운데 '타율성론'을 주장한 대표적인 인물인 미시나 쇼에이는 한국의 역사를 사대교린을 중심으로 한 외래문화 수용의 역사로 규정했습니다.

끝으로 정체성론은 한마디로 한국의 역사에는 진보가 없다는 주장입니다. 여기서 '정체'란 영어의 'identity'를 의미하는 것이 아니라 '성장하거나 발전하지 못하고 제자리에 머물러 있다'는 의미입니다. 정체성론을 가장 먼저 주장한 사람은 일본의 경제학자 후쿠다 도쿠조입니다. 그는 1904년 며칠간 한국을 방문한 경험을 바탕으로, 카를 마르크스의 '사회발전 단계

> • **사대교린**
> 강한 나라에는 복종하고, 이웃 나라와는 우호를 맺는 외교 방식

론'을 한국 사회에 그대로 적용했습니다. 그 결과 당시 한국의 사회경제적 발전 정도가 일본의 봉건제가 성립한 가마쿠라 막부 이전 시기인 10세기에 해당한다고 보았습니다. 그는 당시 한국의 사회경제적 수준을 일본보다 천 년이나 뒤떨어진, 노예제 사회에 머물러 있는 정체된 사회로 규정했습니다.

이렇게 한국사의 자주성이 부정되면, 한국인은 언제나 외세의 지배를 받을 수밖에 없는 민족으로 규정됩니다. 그 결과 외세의 지배가 불가피한 것으로, 나아가 일본의 식민지 지배는 정당한 것으로 포장됩니다. 이것이 식민사관 논자들이 노린 목적이었던 것이죠.

"원래부터 발전 가능성이 없었다?" 자본주의 맹아론의 주장

식민지 시대의 경제사 연구자 백남운은 일제의 '정체성론'의 극복에 노력한 대표적인 인물입니다. 그는 1933년 저술한 《조선사회경제사》에서 카를 마르크스의 '사회발전 단계론'을 한국사에도 적용하여, 조선 사회도 자본주의로 발전할 가능성이 있었다고 주장하며 후쿠다의 정체성론에 정면으로 맞섰습니다.

백남운은 해방 후 월북하면서 한국에서는 잊힌 존재가 되었지만, 1960년대 이후 등장하는 '자본주의 맹아론'에 중요한 영향을 끼쳤습니다. 자본주의 맹아론은 간단하게 말해, 일본의 식민지 지배가 없었더라도 조선은 스스로 근대화를 이룩할 수 있는 싹(맹아)을 이미 틔우고 있었다는 이론입니다.

김용섭을 비롯한 역사학자들은 이러한 주장을 뒷받침하기 위해 구체적인 사례들을 제시했습니다. 17세기 이후 조선사회에서는 근대적인 공장제 수공업과 상인 조직이 등장했고, 농촌에서 유입된 임금 노동자도 증가했습니다. 상업의 발달로 자본을 축적한 상인들이 나타났고, 상업 도시도 형성되었습니다. 그리고 조선시대 후기에는 실학 사상도 등장했습니다. 이들은 이런 변화들을 근거로, 조선 사회도 자생적인 자본주의로 이행할 가능성을 충분히 가지고 있었지만, 일제의 침략으로 그 가능성이 좌절되었다고 본 것입니다.

그러나 '자본주의 맹아론'에도 한계는 있습니다. 영조와 정조 시대로 대표되는 18세기 후반의 개혁 정치 속에서 자본주의적인 요소가 엿보이기는 했습니다. 그러나 19세기 초반의 홍경래의 난과 세도정치의 심화와 같은 사회적 불안정으로 그러한 가능성이 무너져 버립니다. 그 연장선에서 외세가 접근하자, 조선 정부는 제대로 대응하지 못하고 표류하면서 근대화에 실패한 것입니다. 이런 점에서 '자본주의 맹아론'은 조선 사회 내부

• **홍경래의 난**

홍경래가 1811년 평안도에서 일으킨 대규모 농민 봉기. 세도 정치의 부패와 삼정의 문란, 그리고 평안도 지역에 대한 차별에 반발해 일어났으며, 관군에 의해 1812년 진압되었다.

의 문제를 경시하거나 외면했다는 비판을 받습니다.

식민지 지배는 철저한 '수탈'이었다

식민지 수탈론은 앞에서 살펴본 '자본주의 맹아론'과는 다른 관점에서 일제의 식민지 지배를 '수탈'의 역사로 묘사하는 역사관입니다. 이 입장에서는 일본이 한국을 식민지 지배한 이후 시행한 경제 관련의 기반 시설이나 정책들은 한국의 행복 증진을 위한 것이 아니고 수탈하기 위한 것이었다고 봅니다. '식민지 수탈론'의 주요 근거는 다음과 같습니다.

먼저 일제는 토지 조사 사업을 통해 토지 소유권을 정리한다는 명분을 내세웠지만, 실제로는 국유지를 강제로 설정하여 많은 조선인의 토지를 약탈했다고 주장합니다. 이 외에도 산림령, 임야 조사 사업 등을 통하여 광대한 국유림을 만들고, 이를 일본인들에게 빌려주어 농민들의 생활에 큰 타격을 주었다고 봅니다.

또한 1920년대부터 실시한

1920년대 조선총독부는 산미증식운동의 성과를 선전하기 위해 군산항 등 주요 수출 항구에 쌀가마를 높이 쌓아 올린 '축하탑'을 세웠다.

산미 증식 계획은 조선을 일본의 식량 공급 기지로 만들기 위한 정책이었다고 평가합니다. 이 계획으로 쌀 생산량은 늘었지만, 생산량의 상당 부분이 일본으로 반출되면서 조선 농민들과 일반 대중은 오히려 만성적인 식량 부족에 허덕이게 되었다는 것입니다.

식민지 수탈론의 관점에서 보면, 1930년대의 조선 공업화 정책은 중국 침략을 위한 병참 기지화 정책에 초점을 둔 것이었습니다. 또한 1937년 중일전쟁 이후 일제는 조선 경제를 완전히 군사적으로 재편하고 강제적인 노무 동원 체제를 펼쳐 노동력까지 수탈했다고 주장합니다. 이 시기에 조선에서는 공업 부문의 생산이 확대되고 산업 구조가 재편되면서 겉으로는 경제적 변화가 나타났지만, 조선 사회의 자립적 발전을 위한 것이 아니라는 설명입니다.

그러나 '식민지 수탈론'은 한국의 **민족주의**와 **반일 정서**에 기반을 두고 있어 구체적인 자료를 통해서 실증하기에는 다소 미흡한 부분이 있습니다. 그 때문에 일제의 모든 식민지 지배 정책은 수탈하기 위한 목적으로 실시한 것이며, 그 결과 조선인은 고통을 받을 수밖에 없었다는 다소 감정론적인 차원에 그치는 아쉬움이 없지 않습니다. 바로 이 부분이 1990년대에 등장하는 '식민지 근대화론'이 '식민지 수탈론'을 비판하는 데도 중요한 근거가 됩니다.

식민지 지배 덕분에 잘살게 되었다고?

1990년대에 들어와 서울대학교 경제학과의 안병직 교수와 이영훈 교수 등은, 기존의 '자본주의 맹아론'과 '식민지 수탈론'에 대한 반론으로 식민지 근대화론을 제기하면서 학계에 큰 논쟁을 불러일으켰습니다.

'식민지 근대화론'은 한국 역사학계에서 통설이 되어 온 '자본주의 맹아론'과 '식민지 수탈론'이 1960년대 이후 형성된 한국의 반일적인 정서를 바탕으로 한 민족주의의 입장에서 만들어진 허구의 학설이라고 비판합니다. 이들은 조선 후기의 경제는 정체되어 있었다는 점과 식민지 시대에 근대화가 이루어졌다는 점을 입증하는 데 중점을 두고 있습니다.

식민지 근대화론자들은 주로 통계적인 분석을 통해서 식민지 시대의 경제성장을 강조하며, 나아가 그것이 해방 후 한국의 공업화와 자본주의가 발전하는 밑거름이 되었다고 주장합니다.

'식민지 근대화론'의 이러한 주장은, 조선시대 후기 사회의 자생적 발전 가능성과 개항 후 일제의 침략에 따른 정치적 지배와 경제적 수탈, 그리고 이에 맞섰던 저항운동의 역사를 연구해 온 한국사 연구자들에게는 충격적이었습니다. 그들의 눈에 이 이론은 자주적 근대화를 부정하고, 일제의 식민지 지배를 긍정하는 주장으로 보였기 때문입니다.

그러나 '식민지 근대화론'에도 한계는 있습니다. 이 이론은 통계적인 수치를 중시하는 **경제사적인 분석**에 중점을 두고 있어 정치적, 사회적, 문화적인 흐름과의 관련성에 대해서는 부족한 부분이 적지 않습니다. 특히 식민지 시기의 기만적인 문화정책이나 조선인에 대한 차별과 멸시의 사상사적인 의미를 생각해 본다면, 통계적인 수치만으로 식민지 시대의 경제성장을 긍정적으로 평가할 수는 없을 것입니다. 식민지 근대화의 논리대로 수치와 통계로만 평가하는 것은, 식민지 지배의 본질인 **민족 차별**이라는 가장 중요한 역사적 사실을 외면하는 결과로 이어질 수 있습니다.

또 하나 중요한 점은, 당시 한국인들이 경제적으로 성장했다고 해서 식민지 지배를 긍정적으로 생각했던 것은 아니었다는 사실입니다. 대표적으로 3·1운동과 같은 대규모의 독립운동이 일어난 것은, 아무리 일본의 지배가 경제적으로 도움을 주었다고 해도 당시 사람들에게 결코 받아들일 수 없는 지배였음을 보여줍니다. 이밖에도 왜 그토록 많은 사람들이 식민지 지배에 저항하고 목숨을 바쳐 독립운동에 투신했는지를 생각하면, 단순히 경제적인 수치만으로 식민지 시대를 평가하는 것이 얼마나 한계가 분명한 접근인지 알 수 있을 것입니다.

'개발'과 '수탈', 무엇이 함께 가려졌을까

객관적으로 볼 때, 식민지 시기에 경제가 양적으로 팽창하고 자본주의적인 생산관계가 도입되었다는 사실 자체는 부정할 수 없는 사실입니다. 식민지 시대에 한국은 일제의 경제 체제 안에 포함되어 있었기 때문에 일본이 경제적으로 성장했다면 한국도 당연히 경제적으로 발전하게 됩니다. 그런 점에서 '식민지 근대화론'은 전혀 근거 없는 주장이라고만 보기도 어렵습니다.

그러나 동시에 식민지에 대한 수탈의 측면을 전혀 무시할 수는 없습니다. 그것은 식민지 제국이 식민지 주민의 삶을 향상시키기 위한 것이 아니기 때문입니다. 제국주의의 본질은 어디까지나 본국의 경제적 발전과 안정화에 목적이 있기 때문에 착취와 수탈은 불가피한 요소였습니다.

이렇게 볼 때 식민지 시기를 좀 더 명확하게 이해하기 위해서는 개발이냐 수탈이냐 하는 이분법적 사고를 넘어서 '개발'의 과정에서 '수탈'이 수반된다는 양면성을 고려할 필요가 있습니다. 예를 들면 일본은 식민지 지배를 하면서 철도를 비롯하여 항만, 도로를 건설하고 도시도 개발했습니다. 일본이 특히 도시 개발에 신경을 쓴 것은 일본인들을 한반도로 이주시켜 문자 그대로 식민, 즉 사람을 다른 지역으로 옮겨 심듯이 정착을 실현하기 위해서였습니다. 일본인들이 거주하고 경제 활동을 할 수 있는 공간을 만들어 주기 위해 식민지를 개발할 필요가 있었던 것입니다. 그리고 개발을 통해서 얻게 되는 경제적 성과를 일본인이 차지하는 '수탈'이 시작되는 것입니다.

이렇게 식민지 시기의 개발과 수탈의 양면성이라는 관점에서 볼 때, '식민지 근대화론'은 지나치게 근대화와 개발만을 강조하는 맹점이 있습니다. 개발을 강조하다 보니 "조선시대는 낙후하고 정체되었다"라거나, "한국의 경제성장은 식민지 시기에 그 기원을 두고 있다"라는 식으로 주장하게 되는 것입니다. '식민지 수탈론'도 마찬가지입니다. 지나치게 '수탈'의 측면만을 강조하니까 식민지 시대에 일어났던 변화를 제대로 보지 못하는 한계를 안고 있습니다.

결국 식민지 시기의 근대화 과정을 객관적으로 파악하기 위해서는, 개발과 수탈의 양면성이라는 관점에서 바라보는 시각이 필요합니다.

뉴라이트의 위험한 역사관

2000년대에 들어와 '식민지 근대화론'은 역사학계 내부의 논쟁에 그치지 않고, 뉴라이트라는 새로운 보수 세력의 역사 인식에도 영향을 미쳤습니다. '뉴라이트'의 상대적 개념인 '올드라이트'가 기본적으로 '반공주의'를 전면에 내세웠다면, '뉴라이트'는 이를 구시대적이라고 비판하면서 수정주의적인 성격의 '뉴라이트 사관'을 제시했습니다. '뉴라이트 사관'에서는 이제까지 기정사실로 인식되던 역사적 사실에 대하여 전혀 상반되는 주장과 논리를 펼치고 있습니다. 그 몇 가지 사례를 보면 다음과 같습니다.

- 이승만을 건국 대통령으로 우상화하고 1948년을 '건국절'로 해야 한다는 주장. 따라서 대한민국 임시 정부의 역사를 폄훼하고 안중근과 김구를 테러리스트로 매도
- 박정희는 한국 경제의 비약적인 발전을 이루어낸 훌륭한 지도자로 평가
- 조선의 역사를 폄훼하는 한편 일제의 식민지 지배를 긍정적으로 평가하여 수탈을 '수출'로 미화하고, 일제강점기 우리의 국적은 일본이라고 주장
- 일본군 '위안부'와 징용의 강제성을 부정하고 자발적이었다고 주장
- 독도를 한국 땅이라고 주장할 근거가 약하다고 주장.

여기서 이승만과 박정희에 대한 긍정적 평가를 제외하면, 나머지 주장들은 공통적으로 일제의 식민지 지배를 정당화하거나 일본의 책임을 축소하는 방향으로 기울어져 있습니다. 지난 윤석열 정권에서 한국 정부가 일본에 대하여 일방적으로 양보했다는 비

판을 받은 것도, 다수의 '뉴라이트' 인사가 요직에 포진되어 있었기 때문입니다. 그런 점에서 '뉴라이트 사관'은 '식민지 근대화론'이 나쁜 방향으로 진화한 역사 수정주의라고 할 수 있습니다.

앞서 보았듯이 '식민지 근대화론'은 일제강점기에 한국의 경제가 일부 성장했다는 점을 강조하고, 식민지 수탈론은 과장되었다는 것을 문제 삼았을 뿐 맹목적으로 일제의 식민지 지배를 옹호한 이론은 아니었습니다.

그런데 '뉴라이트 사관'은 식민지의 근대화를 강조하는 데 그치지 않고 조선 왕조를 비난하고, 이제까지 실증적으로 검증되었던 역사적 사실에 대해서도 부정론을 전개하면서 제국주의와 식민지 지배의 모순을 전적으로 외면하고 있습니다.

특히 일부 뉴라이트 계열에서는 강연이나 출판물을 통해서 한국의 반일 감정을 수준 낮은 민족주의로 폄훼하고 있으며, '일본군 위안부'와 강제동원까지도 역사적 사실이 아닌 신화에 불과하다는 주장까지 하고 있습니다.

심지어 그들은 '일본군 위안부'와 강제동원 등의 역사적 사실을 부정하는 데 그치지 않고, 일본의 입장에서 이러한 문제를 내재적으로 이해하고 한국의 자기비판을 통해서 화해의 길을 찾아야 한다고 주장하기도 합니다. 물론 일본의 문제점을 정확하고 진지하게 비판하기 위해서는 한국 사회 내부의 감정적이고 편협한

반일 민족주의는 극복되어야 할 것입니다. 그러나 일본의 입장을 이해한다고 해서 일본의 역사 인식이 가지는 문제점까지 눈감아서는 안 되며, 한국의 역사 인식에 문제가 있다고 해서 일본의 책임을 외면해서는 안 될 것입니다.

한국 사회의 편협하고 감정적인 반일 감정은 극복해야 합니다. 하지만 그것은 결코 한국 측의 일방적인 노력으로 가능해지는 것은 아닙니다. 한국의 반일 감정을 자극하는 일본의 우파 정치인과 보수 지식인, 우익단체, 언론 등이 보여 온 자민족 중심적인 편협한 내셔널리즘 역시 동시에 비판을 계속해야 할 것입니다.

물론 그러한 노력은 쌍방이 모두 감당해야 하겠지만, 특히 과거의 역사에서 가해자였던 일본이 져야 할 책임이 더 크다는 점은 분명합니다.

• 뉴라이트 사관은 과거의 선택을 "그 당시엔 어쩔 수 없었다"는 말
로 설명합니다. 이 설명이 반복될 때, 역사 속 책임은 어떻게 처리
될까요?

• "일제강점기 한국인의 국적은 일본이었다"는 주장은 어떤 점에서
문제가 될까요?

• 일제강점기에 철도나 공장이 많이 지어진 것을 두고 "일본 덕분에
근대화되었다"고 주장하는 '식민지 근대화론'이 있습니다. 남의 자
원을 빼앗기 위해 길을 닦는 것과 친구를 돕기 위해 길을 만드는
것의 차이를 생각하며 이를 반박해 봅시다.

10장

독도는 왜
영토 문제의
상징이 되었을까

1871년 ● 류큐 주민 대만 표류 사건

1874년 ● 일본 대만 출병

1876년 ● 강화도조약 체결

1879년 ● 류큐 병합(오키나와현 설치)

1894년 ● 청일전쟁 발발

1895년 ● 센카쿠 열도 일본 편입

1904년 ● 한일의정서 체결

1943년 ● 카이로 회담

1945년 ● 일본 패전

1946년 ● 연합군 최고사령부(SCAP), 지령 제677호 발표
(독도, 일본 행정권에서 제외)

1951년 ● 샌프란시스코 강화조약 체결(9월 8일)

1952년 ● 한일 회담 시작(2월),
강화조약 발효(일본 주권 회복의 날, 4월 28일)

1965년 ● 한일기본조약 체결(6월)

1995년 ● 무라야마 담화 발표

2008년 ● 일본 교과서 학습 지도 요령에 독도 표기

2010년 ● 일본 교과서 전면 '다케시마' 표기

2013년 ● 일본 정부 독도 홍보 영상 공개

우리 땅을 불법 점거 중이라고? 선 넘은 일본의 억지 주장

독도는 분명 대한민국 영토입니다. 역사적으로 《삼국사기》를 비롯하여 독도가 우리 땅이라는 것을 뒷받침하는 고문서의 기록은 매우 많습니다. 또한 에도 시대 일본에서 제작된 고지도를 통해서도 독도는 일본 영토가 아니라는 것을 확인할 수 있습니다. 그런데도 일본은 독도를 자신들의 고유 영토라고 주장하여 영유권 문제를 일으키고 있습니다.

일본에서는 독도를 다케시마라고 부릅니다. 2013년 10월 일본 정부는 홍보 동영상 '여러분, 다케시마를 아십니까?'를 인터넷에 공개했습니다. 이 영상에서 일본 정부는 "일본은 17세기부터 다케시마에 대한 영유권을 확립했으며, 1905년 이를 재확인했다"고 주장하고 있습니다.

또한 일본 외무성의 홈페이지를 보면 '다케시마'는 역사적으로도 국제법상으로도 일본 영토이며, 한국이 이를 불법 점거하고 있다고 주장합니다. 과연 일본의 주장이 얼마나 설득력이 있을까요? 먼저 그 역사적인 배경과 경위부터 살펴보기로 하죠.

대일본제국의 야심, 영토 확장의 서곡

근대 일본은 1868년 메이지유신 이후부터 1945년의 패전에 이르기까지 끊임없이 대외전쟁을 일으키면서 영토를 확장했습니다. 근대 일본이 해외로 팽창하는 첫걸음은 1874년의 **대만 출병**입니다. 이 사건은 1879년 류큐(지금의 오키나와)를 일본 영토로 편입하기 위한 사전 단계였습니다.

류큐는 규슈와 대만 사이에 있는 작은 섬들로 이루어진 열도로 1429년에 성립한 **독립 왕국**이었습니다. 당시 류큐는 중국의 명나라에 조공을 바치면서 동남아시아 해상 무역망의 중심적인 역할을 했습니다. 1609년에는 일본 규슈 남단에 있는 사쓰마가 류큐를 침공한 이후 일본에도 조공을 바쳤지만 법적인 독립은 유지하고 있었습니다.

그런데 1871년 류큐 주민 54명이 표류하다가 대만에 닿았을 때, 대만 원주민들이 이들을 모두 살해하는 사건이 발생했습니다. 이에 대하여 메이지 정부는 '류큐는 일본의 속국'이라는 논리를 내세워, 대만 원주민을 응징한다는 명분으로 3천 명의 병력을 대만으로 파병했습니다.

　류큐는 약소 왕국으로서 중국과 일본의 양국에 조공을 바치고 있었기 때문에 청나라도 류큐를 자국의 속국으로 인식하고 일본의 '대만 출병'에 항의했습니다.

　양국의 갈등은 영국의 중재로 청나라가 피해자에 대한 보상금을 지불하고, 일본이 철병하는 것으로 마무리되었습니다. 그렇지만 영토 확장에 대한 일본의 야심은 여기서 그치지 않았습니다.

　일본은 류큐 지배층의 저항과 청나라의 항의에도 불구하고 1879년 3월, 군대와 경찰 약 400명을 파견하여 류큐 왕국의 왕궁 슈리성을 점거했습니다. 그리고 류큐를 일본 영토로 편입하고 명칭까지 오키나와현으로 바꾸었습니다.

　청나라는 이에 항의했지만 1894년 청일전쟁에서 패하면서 류큐와 대만에 대한 종주권을 포기했습니다. 이후 류큐는 공식적으로 일본 영토로 편입되고 대만은 일본의 첫 식민지가 되었습니다.

　또한 일본은 청일전쟁 중에 류큐와 대만 사이에 4개의 무인도로 이루어진 센카쿠

센카쿠 열도의 위치

열도를 비밀리에 일본 영토로 편입했습니다. 이 사실은 당시 정부의 관보에도 실리지 않았으며 중국을 포함한 외국에도 알리지 않았습니다. 그 결과 센카쿠 열도는 오늘날 일본과 중국, 일본과 대만 사이에 영토 분쟁의 불씨가 되었습니다.

일본 정부도 인정한 증거, '태정관 지령'

1870년 일본의 외교관 사다 하쿠보가 작성한 《조선국 교제 시말 내탐서》를 보면 '다케시마'와 '마츠시마'가 조선의 부속 영토가 된 경위를 설명하고 있습니다. 일본에서는 에도 시대부터 1905년 독도를 일본의 영토로 편입할 때까지, 공식적으로 울릉도를 '다케시마'라 하고, 독도를 '마츠시마'라고 했습니다. 이 내탐서의 기록은 근대 일본이 출발하는 1870년대의 시점에서 일본 정부가 **독도**를 **조선 영토**로 인지하고 있었다는 것을 보여줍니다.

이 같은 인식은 1877년에 내려진 '태정관 지령'을 통

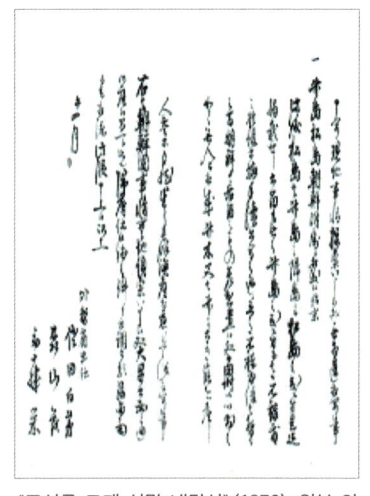

《조선국 교제 시말 내탐서》(1870). 일본 외무성 문서로 울릉도와 독도를 조선의 영토로 밝히고 있다.

해서도 확인됩니다. 당시 태정관은 사법·입법·행정을 총괄하는 국가의 최고 통치기관이었습니다. 1876년 일본 내무성이 실시한 전국 지적 조사 과정에서, 시마네현이 중앙 정부에 울릉도와 독도가 자국의 관할 구역에 포함되는지를 묻는 질의서를 제출했습니다. 이에 대해 내무성은 약 6개월에 걸친 조사 끝에 울릉도와 독도는 조선의 영토이며 일본과는 관계가 없다는 결론을 내렸습니다.

다만 영토 문제 처리의 중요성을 인식한 내무성은 이를 독자적으로 처리하지 않고, 다음 해 3월 17일 태정관에 최종 판단을 의뢰했습니다. 태정관 조사국은 자체 심사를 거쳐 내무성의 견해를 그대로 인정하고, 3월 20일 이런 지령을 제출했습니다.

다케시마 외 한 섬의 건은 우리나라와 관계가 없음을 명심할 것.

이 지령안은 내무성, 외무성, 사법성, 대장성 등 각 성의 최고 책임자 7명이 참석하는 태정관 회의에서 결재한 후 3월 29일 정식 지령문으로서 내무성에 하달되었습니다. 이어 내무성은 4월 9일 이를 시마네현으로 하달하여 울릉도와 독도를 관할 지역에 포함하지 않도록 조치했습니다.

태정관 지령은 사실 관계에 대하여 치밀하게 검토한 결과 울릉도와 독도가 자국의 영토가 아니라는 사실을 인정한 공식 문서였습니다.

이와 관련해서 주목해야 할 것은, 태정관 지령이 내려지기 불과 1년 전인 1876년에 **강화도조약**이 체결되었다는 사실입니다. 강화도조약은 일본이 의도적으로 도발하여 무력을 앞세워 맺은 불평등조약으로 일본의 조선 침략의 출발점이라고 할 수 있습니다.

이런 시점에서도 태정관 지령이 독도를 일본 영토가 아니라고 한 점에 주목할 필요가 있습니다. 다시 말하자면, 만약 당시 일본 정부가 독도를 일본 영토로 인식하고 있었다면, 강화도조약 체결을 전후해서 독도를 편입했을 가능성이 큽니다.

전쟁통에 슬쩍, 독도를 훔쳐간 일본

러일전쟁 발발 직후인 1904년 2월, 일본은 대한제국에 압력을 가해 **한일의정서**를 체결했습니다. 이 의정서에는 군사적으로 필요한 때에는 대한제국의 영토를 임의로 사용할 수 있다는 조항이 포함되어 있었습니다. 이 조항을 근거로 일본은 러일전쟁이 한창이던 1905년 독도를 일본 영토로 편입했습니다.

동해의 한가운데 있는 울릉도와 독도는 러일전쟁 당시 일본의 연합함대와 러시아의 발트함대가 충돌할 가능성이 있는 **전략적 요충지**였습니다. 특히 독도는 발트함대의 동해 진입을 감시하기 위한 망루를 설치하기에 최적화된 지점이었습니다.

실제로 일본 해군은 1904년 9월, 한일의정서를 근거로 대한제국의 동의 없이 울릉도에 망루를 설치했고, 독도에 망루와 통신 시설을 설치할 수 있는지도 조사했습니다. 같은 시기에 시마네현에서는 일본 정부의 고관과 협의하여, 어업 활성화를 위해서 독도 이용을 요청하는 문서를 제출했습니다.

이렇게 독도의 군사적·경제적인 중요성을 인식한 일본 정부는 1905년 1월 각의 결정에서 독도를 **무주지**˙로 규정하고, **다케시마**로 명명했습니다. 이어 2월 22일, 시마네현은 독도를 시마네현으로 편입하고 독도 영유를 선언했습니다.

전쟁을 끝내며 약속했던 것들, 카이로 선언

오늘날 독도 영유권 문제가 발생하게 된 요인을 살펴보면, 이는 단순히 한국과 일본 사이의 문제에 그치지 않고, 미국과 영국 등의 세계 열강이 얽힌 국제적인 문제라는 것을 알 수 있습니다. 그 시작은 제2차 세계대전이 한창이던 1943년 11월, 이집트의 카이로에서 열린 **카이로 회담**에 있습니다.

카이로 회담에는 미국의 루스벨트 대통령, 영국의 처칠 수상, 중화민국의 장제스가 모여, 전쟁 종결 후 일본의 전쟁 책임을 어떻게 처리할 것인가 하는 문제를 논의했습니다. 5일간에 걸쳐 진행된 회담

· **무주지**

어느 나라에도
속하지 않은 땅

에서 세 정상은 다음과 같은 원칙에 합의했습니다.

- 일본이 일으킨 전쟁은 정의로운 전쟁이 아니라는 것을 전제로 일본의 무조건 항복을 요구한다.
- 1914년 제1차 세계대전 이후 일본이 폭력과 탐욕으로 약탈한 **태평양의 섬들** 일체를 박탈한다.
- 한국은 적절한 시기에 자유롭고 독립된 국가가 될 것이다.

여기서 '태평양의 섬들'이 구체적으로 어떤 지역인지 명시하지 않았습니다. 그러나 한국을 분명히 언급한 것은 한국이 일본의 식민지가 되기 이전부터 독립국이었다는 사실을 인정했다는 것을 의미합니다. 이는 우리 독립운동가들의 열정적인 노력이 있었기 때문이기도 합니다.

카이로 선언은 일본이 전쟁 중에 차지했던 영토를 어떻게 처리할 것인지를 논의한 최초의 중요한 선언이었습니다. 다만, 이 선언에서 '태평양의 섬들'에 대하여 구체적으로 섬의 이름을 명시하지 않았던 것은 이후 영토 분쟁의 여지를 남겼습니다. 그 대표적인 지역이 독도와 센카쿠 열도입니다.

이 섬들은 작은 무인도였기 때문에 전쟁 중에는 주된 관심의 대상이 아니었습니다. 그래서 이 섬들은 패전국 일본이 국제사회로 복귀하는 데 결정적인 역할을 한 1951년의 **샌프란시스코 회담**에서도 논의되지 않았습니다.

일본은 카이로 회담과 샌프란시스코 강화회의에서 독도와 센카쿠 열도를 반환한다는 명시적 언급이 없었다는 점을 근거로, 국제법상 먼저 등록한 자신들이 주인이라는 주장을 펼치고 있습니다.

그렇다면 샌프란시스코 강화조약은 어떻게 맺어진 것일까요? 이것을 이해하기 위해서는 먼저 점령기 연합군이 독도를 어떻게 인식하고 있었는지를 살펴볼 필요가 있습니다.

연합군 최고사령부는 독도를 어떻게 판단했을까

1946년 1월 29일 연합군 최고사령부(GHQ)는 '일본으로부터 일정 지역을 정치적, 행정적으로 분리하기 위한 각서'를 연합국 최고사령부 지령(SCAPIN, Supreme Commander for Allied Powers Instruction) 제677호로 발령하고 그 내용을 일본 정부에 하달했습니다.

이 지령은 패전 후 일본 제국의 영토를 정리하기 위한 조치로, **일본의 영토와 주권 행사의 범위**를 규정한 것이었습니다. 이 지령으로 만주, 대만, 팽호도를 중국에 반환하고, 쿠릴 열도를 소련에 반환했으며, 태평양의 섬들을 영국과 미국에 반환했습니다. 그리고 제3항에서는 독도가 일본 영토에서 제외된 지역임을 아래와 같이 명시하고 있습니다.

지령 제677호 제3항
일본의 영토는 4개의 본도인 혼슈, 홋카이도, 규슈, 시고쿠와
약 1,000개의 작은 섬을 포함한다. 이 작은 섬에 포함되는 것
은 대마도와 북위 30도 이북의 류큐 제도이다. 그리고 제외되
는 것은 A)**울릉도, 리앙쿠루암, 제주도,** B)북위 30도 이남의 류
큐, 이즈, 난보, 오가사와라, 이오지마군도와 … 기타 모든 외
부 태평양제도, C)쿠릴열도, 하보마이, 시코탄 등이다.

여기서 A)의 **리앙쿠르암**은 서양에서 사용하는 독도의 명칭입
니다. 이 지령으로 독도는 제주도, 울릉도와 함께 주한 미군정청
으로 이관되었습니다.

이후 한일 국교 정상화를 위한 회담이 시작되던 1952년, 일본
정부는 SCAPIN 제677호 제6
항에 포함된 "작은 섬들의 최
종적인 결정에 관한 연합국의
정책을 표시한 것은 아니다"
라는 문구를 근거로 제3항의
내용이 일본 영토를 최종적

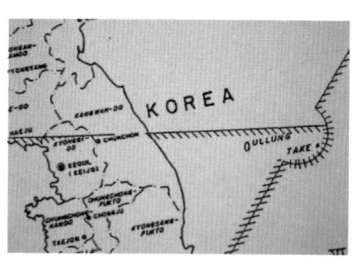

SCAPIN 제677호의 부속 지도. 독도를 'TAKE'
로 표기하고 있다.

으로 규정한 것은 아니라고 주장했습니다.

그러나 이 문구의 취지는 연합국들의 복잡한 이해관계 속에서 다른 연합국이 이의를 제기할 때를 대비하여 수정의 여지를 남겨 둔 것에 불과합니다.

결론적으로 말하자면 SCAPIN 제677호에서 '독도'는 일본의 행정구역에서 제외되었고, 이후의 샌프란시스코 강화조약에도 독도와 관련된 조항은 존재하지 않으며, 이후에도 독도를 일본 영토로 규정하는 어떠한 조항도 만들어지지 않았습니다. 따라서 독도는 일본의 고유 영토라는 주장은 성립되기 어렵습니다.

독도가 빠진 이유, 샌프란시스코 강화조약의 빈칸

샌프란시스코 강화조약은 1951년 9월 8일, 미국 샌프란시스코에서 일본을 포함한 48개국이 체결한 조약입니다. 이 조약으로 연합국의 점령하에 있던 일본이 공식적으로 국제사회에 복귀했습니다. 강화조약은 이듬해 4월 28일부터 발효했기 때문에 일본은 이 날을 주권 회복의 날이라고 부르고 있습니다.

일본은 패전 후 포츠담 선언의 결정에 따라 연합국의 점령 지배를 받았습니다. 그런데 제2차 세계대전이 끝나면서 본격화된 냉전체제*는 패전국 일본에 매우 유리하게 작

· 냉전체제

소련과 중국을 중심으로 한 공산권 국가와 미국을 비롯한 자본주의 국가 간의 대립 구도

용했습니다.

연합국의 일본 점령을 주도한 미국은 처음에는 일본의 군국주의를 철저하게 응징하고 일본의 민주화를 추진하는 것을 목표로 삼았습니다. 그러나 냉전체제가 심화되면서 처음의 목표를 수정하지 않을 수 없었습니다. 일본을 응징하기보다는 자본주의 진영의 파트너로서 반공의 방파제로 삼고자 한 것입니다. 이를 **역코스 정책**이라고 합니다.

'역코스 정책'의 가장 큰 분기점은 1948년 중국 내전에서 공산당이 승리하여 거대한 공산국가가 탄생한 사건이었습니다. 만약 소련과 중국의 거대한 공산권 세력이 한반도와 일본 열도를 차지해 버리면, 미국으로서는 동아시아는 물론이고 태평양의 반을 상실해 버리기 때문에 한 치도 양보할 수 없었습니다. 1950년 발생한 **한국전쟁**에서 미국의 젊은이들이 피를 흘린 것도 미국의 국익을 지키기 위한 측면이 컸다고 볼 수 있습니다.

한국전쟁이 발발하자 미국은 일본을 반공의 방파제로 삼기 위해 강화조약을 서둘렀습니다. 그 과정에서 일본이 일으킨 전쟁으로 가장 큰 피해를 당한 한국과 중국은 강화 회담에서 배제되었습니다. 한국은 전쟁 중이었고, 중국은 한국전쟁에 참전했기 때문이라는 것이 공식 이유였습니다.

그러나 가장 중요한 피해 당사국들이 회담에 참가하지 않았기 때문에 일본의 전쟁 책임을 철저하게 추궁하지 못하는 상황이 되어 버렸습니다. 결국 미국은 일본을 파트너로 만들기 위해 일본의 전쟁 책임을 철저하게 추궁하지 않고 묻어버린 것입니다.

샌프란시스코 강화회의에서 중요하게 다룬 것은 크게 세 가지였습니다.

- 일본이 불법적으로 취득한 영토의 반환
- 전쟁이나 점령을 하면서 다른 나라 사람들에게 주었던 피해의 배상
- 앞으로 다시는 전쟁을 일으키지 않도록 하는 시스템 구축

여기서 영토 문제와 관련하여 한국에 관해서 샌프란시스코 강화조약에서는 "일본은 한국의 독립을 인정하고 제주도, 거문도와 울릉도를 포함한 모든 지역에 대한 모든 권리와 소유권 및 청구를 포기한다"라고 명시하고 있습니다. 그러나 여기도 독도의 이름은 빠져 있습니다.

사실 1947년 3월 19일 작성된 샌프란시스코 강화조약 초안에서는 "일본은 제주도, 거문도, 울릉도 및 죽도를 포기할 것"이라고 명시되어 '죽도', 즉 독도의 이름이 들어가 있었고, 한국 정부도 초청하기로 되어 있었습니다.

그러나 1949년 11월 14일 주일 정치고문 윌리엄 시볼트가 한국을 초청 명단에서 배제하고 죽도의 명칭을 삭제했으며, 1951년의 최종판에서도 '죽도'가 삭제되었습니다. 결국 샌프란시스코 강화조약에서 독도의 이름이 빠진 것이, 이후 독도 영유권을 둘러싼 양국 간의 문제가 야기되는 또 하나의 요인이 되었습니다.

한일 협정은 왜 독도 문제를 해결하지 못했나

1965년의 한일 협정은 1945년 한국의 독립 이후 단절되었던 일본과의 외교관계를 새롭게 맺는 중요한 전환점이었습니다. 이 협정은 식민지 지배 청산과 새로운 한일 관계의 출발을 목표로 했지만, 현실은 그렇지 않았습니다.

1952년 한일 회담을 시작한 이후 1965년 한일 협정을 맺을 때까지 13년의 세월이 걸린 것은, 그만큼 해결하기 어려운 민감한 사안들이 많았다는 것을 말해주고 있습니다. 일본이 식민지 지배 당시 한국에서 가져간 문화재 반환 문제, 재일 조선인에 대한 처우 문제, 그리고 독도 문제도 그 가운데 하나였습니다.

한일회담이 진행되는 과정에서 일본 정치인의 식민지 지배를 정당화하는 발언 등으로 회담이 중단되기도 했습니다. 그럼에도 불구하고 당시 한국 정부는 국내외 사정을 고려해 서둘러 협정을 맺을 필요가 있었습니다.

하늘에서 바라본 독도

5.16 군사쿠데타로 권력을 잡은 박정희 정부는 국민의 지지를 얻기 위해 경제개발계획을 세웠지만, 자금이 턱없이 부족했습니다. 일본 정부로부터 자금을 확보해 속히 **경제 개발**에 투입할 필요가 있었던 것입니다.

이에 따라 독도를 비롯한 민감한 사안들을 충분히 해결하지 않은 채 나중으로 미루어 버렸습니다.

암묵적 합의? '독도 밀약'의 진실

《월간 중앙》 2007년 4월호에는 한일기본조약 체결 약 5개월 전인 1965년 1월 11일, 일본의 우노 소스케 중의원 의원이 서울에서 정일권 국무총리를 만나 독도 문제와 관련한 합의를 했다는 내용이 실렸습니다. 보도에 따르면 당시 양측은 '해결하지 않은 것을 가지고 해결한 것으로 본다'는 원칙에 합의하고, 이를 전제로 독도 부속 조항을 마련했다고 합니다. 이른바 **독도 밀약**입니다.

이 밀약의 내용은 이튿날인 1월 12일 박정희 대통령의 재가를 받았고, 다음 날 사토 에이사쿠 총리에게 전달되었습니다. 독도 밀약의 핵심 내용은 다음과 같습니다.

1. 독도(다케시마)는 앞으로 한일 양국 모두 자국의 영토라고 주장하는 것을 인정하고, 동시에 이에 반론하는 것에 이의를 제기하지 않는다.
2. 장래에 어업구역을 설정하는 경우 양국이 독도(다케시마)를 자국 영토로 하는 선을 획정하고 두 선이 중복되는 부분은 공동수역으로 한다.
3. 현재 대한민국이 점거한 현상을 유지한다. 그러나 경비원을 증강하거나 새로운 시설의 건축이나 증축은 하지 않는다.
4. 양국은 이 합의를 계속 지켜 나간다.

이러한 내용을 종합해 보면, 한일 양국이 독도에 대한 상대국의 영유권 주장을 상호 묵인한 **미봉책**이라는 것을 알 수 있습니다.

밀약의 실체에 대해서는 앞으로 면밀한 역사적 검증이 필요하겠지만, 국교 정상화 초기 한일 관계가 이러한 암묵적 합의를 전제로 출발한 것 또한 부정하기 어렵습니다.

그러나 1993년 김영삼 정권 출범 이후 한국에서는 독도 문제를 둘러싼 감정적인 대일 비판이 첨예화되고, 독도에 새로운 접안 시설을 건설한 것에 일본이 반발하면서 독도 문제가 표면화되었습니다.

왜 일본은 지금도 독도를 포기하지 않을까

독도 문제는 단순히 누구의 영토인가 하는 문제에 그치지 않고, 역사 인식의 차이에서 비롯된 갈등의 연장이라고도 볼 수 있습니다. 특히 2000년대 이후 일본의 우경화가 심화하는 과정에서, 일본 정부는 국민의 애국심과 내부 결속을 강화하기 위해 영토 문제를 소환했습니다.

이전까지 일본 국민은 영토 문제에 그다지 관심이 없었습니다. 독도뿐만 아니라, 중국과의 센카쿠 열도 영유권 문제, 러시아와의 북방영토 반환 문제가 전에 없이 논란이 되기 시작한 것은 2000년대 이후의 일입니다.

일본 정부는 2008년 7월 14일, 공식적으로 독도를 자신들의 고유영토로 명시한 내용을 중학교 교과서의 학습지도 요령 해설서에 적어 넣었습니다. '학습지도 요령'은 교사들이 실제로 학생들을 가르칠 때 참고하는 기준이기 때문에 그 영향력이 매우 큽니다.

처음에는 일본 정부와 우익들의 주장이나 선전에 비하면 국민의 반응은 그다지 적극적이지 않았습니다. 2011년 7월 《산케이신문》에서 일본 고교생들에게 국경선을 그려보게 하는 조사를 한 결과, 9.3% 정도만이 독도와 울릉도 사이에 선을 그었다고 합니다.

　　그러나 상황은 빠르게 달라졌습니다. 일본 정부와 언론의 적극적인 홍보에 일본 국민이 점차 호응하면서, 독도에 대한 관심이 전에 없이 높아졌습니다. 특히 2010년부터 초중등학교의 모든 사회과 **교과서**와 학습지도 요령 해설서에 **독도**를 일본 영토 **다케시마**로 **표기**하는 등 교육 차원에서 독도 문제가 다루어지면서 상황이 급변했습니다.

　　2013년 7월 일본 정부에서 실시한 '독도에 관한 대국민 여론조사'에서는 90% 이상이 '독도를 알고 있다' 답했고, 이들 중 60% 이상이 독도를 일본의 고유영토로 인식하고 있다고 답했습니다. 이후 2019년 12월 일본 정부가 전국 18세 이상 3천 명을 상대로 한 여론조사에서는 응답자의 77.7%가 '독도는 일본 고유영토'라고 답하고 있습니다. 그리고 '한국이 불법 점거를 계속하고 있다'는 답변도 63.5%를 차지했으며, 63.7%가 독도에 관심이 있다고 대답했습니다. 이러한 현상은 일본 정부와 언론이 꾸준히 홍보해 온 결과라고 할 수 있습니다. 또한 교육의 성과도 무시할 수 없겠죠.

　　이와 같이 **다케시마**는 **일본 영토**라는 인식이 확산되면서, 양심적인 일본인이라 하더라도 공적인 자리에서 독도는 일본 땅이 아니라고 대놓고 말하기는 어려워졌습니다. 실제로 2012년 일본 민주당의 7선 의원인 도이 류이치가 일본은 독도 영유권 주장을 중단해야 한다는 주장에 동조했다가 빗발치는 여론의 질타에 못 이겨 끝내 총선에서 사퇴한 일이 있었습니다.

이제 2010년대 이후 일본에서 '다케시마'는 타협의 대상이 아니라 한 치도 양보할 수 없는 일본의 고유영토라는 인식이 확산하고 있는 것입니다.

독도 문제는 왜 식민지 지배의 역사로 이어질까

1995년 일본 패전 50년을 맞이하여 무라야마 도미이치 총리는 담화를 발표하여 "식민지 지배와 침략으로 특히 아시아 국가의 사람들에게 크나큰 손해와 고통을 주었다"는 사실을 인정하고 '사죄와 반성'을 표명했습니다. 이른바 **무라야마 담화**라는 것입니다.

'무라야마 담화'는 내각 회의의 결정을 거친 일본 정부의 공식 견해로, 패전 후 일본 정부가 사죄 표명한 최고의 표현이었습니다. 이후에도 일본 정치인들의 '망언'은 계속 이어졌지만, 우파 성향을 보이는 고이즈미 내각과 아베 내각조차도 기본적으로는 '무라야마 담화'를 계승해 왔습니다. 현 일본 정부도 '무라야마 담화'를 계승하는 것을 원칙으로 삼고 있습니다.

일본이 식민지 지배에 대해 진심으로 **사죄**하고 **반성**한다면, 한국을 식민지로 편입하는 과정에서 독도를 일본 영토로 편입한 사실에 대해서도 분명한 사죄가 필요합니다. 독도의 일본 영토 편입은 한국인에게 식민지화의 상징이나 마찬가지입니다.

그럼에도 일본은 한국을 식민 지배하면서 일으킨 갖가지 불법적인 자행에 대하여 책임지려 하지 않고, **역사**까지 **왜곡**하려는 태도를 보이고 있습니다. 일본은 독도 영유권 문제를 주장하기 전에, 먼저 이러한 사실을 다시 한번 되돌아보고 반성할 필요가 있지 않을까요?

- 일본은 국제조약을 근거로 독도가 자기 땅이라고 주장합니다. 과거 침략의 책임을 제대로 인정하지 않은 나라의 주장을 국제사회는 어떻게 바라봐야 할까요?

- 무라야마 담화는 사과의 표현을 담고 있었지만 이후의 정책과 행동은 엇갈렸다는 평가도 받습니다. 말과 행동이 다른 경우, 국제사회는 무엇을 더 중요하게 볼까요?

- 일본은 2010년부터 초·중학교 모든 사회 교과서에 독도를 일본 땅('다케시마')이라고 표기하여 가르치고 있습니다. 어릴 때부터 억지 주장을 사실처럼 배우고 자란 일본의 또래 학생들이 어른이 되면 한일 관계는 어떻게 될까요? 잘못된 역사 교육이 가져올 미래를 상상해 보고, 올바른 역사 교육이 왜 중요한지 이야기해 봅시다.

끝나지 않은 상처, 아직 남아 있는 질문들

2025년은 을사늑약으로부터 120년이 되는 해, 한국병합으로부터 115년, 광복으로부터 80년이 되는 해였습니다. 또한 한국과 일본이 국교 정상화 60년을 맞이하는 해이기도 했습니다. 긴 세월이 흘렀지만, 식민지 지배와 침략전쟁이 남긴 상흔은 여전히 치유되지 않은 채 남아 있습니다.

이 책에서는 한국병합 과정에서 일본군의 동학농민군과 의병 학살, 식민지 시대 관동대지진에서의 조선인 학살, 그리고 침략전쟁에서 강제동원된 일본군 '위안부'와 징용·징병 등에 대하여 다루었습니다. 그러나 이 밖에도 미처 다루지 못한 역사적 상처는 수없이 많습니다.

예를 들면 야스쿠니신사 조선인 무단 합사 문제, 히로시마 원폭 조선인 피해자 문제, 시베리아 억류 피해자 문제, 우키시마호

침몰 희생자 문제 등이 있습니다.

야스쿠니신사 조선인 무단 합사란, 태평양전쟁 당시 일본의 군인과 군무원으로 전사한 조선인을 야스쿠니신사가 유족에게 알리지도, 동의를 구하지도 않고 무단으로 합사한 것을 말합니다. 현재 야스쿠니신사에는 식민지 출신 조선인 전사자 2만 1,181명이 합사되어 있습니다.

후일 이러한 사실을 알게 된 유족들은 강하게 반발하여 합사 취소를 요구하는 소송을 두 차례 제기했습니다. 그러나 일본 법원은 "합사는 종교 법인인 야스쿠니신사가 정한 것이기 때문에 정부가 관여할 문제가 아니다"라는 이유로 기각했습니다. 유족들은 이에 포기하지 않고 현재 제3차 소송을 이어가고 있습니다.

히로시마 원폭 조선인 피해자 문제도 여전히 해결되지 않고 있습니다. 한국원폭피해자협회에 따르면 히로시마 원폭 당시 조선인 피해자는 약 7만 명에 달합니다. 지난 2025년 8월, 영국 BBC방송은 히로시마 원폭 투하 80주년을 맞아 그동안 그늘에 가려졌던 '한국인 피해자'들의 고통을 조명했습니다. 보도에 따르면 당시 히로시마 인구 42만 명 가운데 14만 명이 한국인이었으며, 원폭 피해자의 20%가 한국인이었다는 사실을 밝혔습니다.

한국인 피해자가 많았던 이유는, 원폭 투하 직후 복구 과정에서 사체 처리 등의 위험한 작업에 한국인들이 대거 동원되었고,

그 과정에서 방사능에 노출되었기 때문입니다.

원폭 피해는 개인의 고통에 그치지 않고 피부암, 파킨슨병, 뇌성마비, 협심증 등의 질환으로 세대를 넘어 이어지고 있습니다. 그러나 희생자들에 대한 사죄와 보상은 제대로 이루어지지 않고 있습니다.

시베리아 억류 피해자란 일본이 패전할 때 만주와 사할린, 쿠릴열도 등지에서 소련군의 포로가 되어 시베리아에서 수년간 가혹한 강제노동을 강요당한 이들을 말합니다. 이들 가운데 다수는 만주와 중국 동북부를 점령하고 있던 약 60만 명의 일본 관동군이며, 그 가운데 약 1만 5,000명은 징용이나 징병으로 끌려간 조선의 젊은 청년들이었습니다. 이들 가운데 생존자 53명과 유족들은 2003년 강제노동에 대한 임금 지급을 요구하는 소송을 일본 법원에 제기했지만, 끝내 패소했습니다.

우키시마호 침몰 사건은 일본 패전 후 홋카이도에 강제동원되었던 한국인들을 태우고 부산으로 향하던 일본 해군 수송선 우키시마호가 교토 마이즈루 앞바다에서 폭침한 사건을 말합니다. 일본 정부는 우키시마호가 해저 기뢰를 건드려 폭침했고, 승선자 3,700여 명 가운데 한국인 희생자가 524명이라고 발표했습니다. 그러나 생존자들의 증언에 따르면 실제 승선자는 7,000명 이상이며, 사망자는 1,000명이 훨씬 넘었을 가능성도 제기되고 있습니다.

이 사건은 강제동원의 아픔을 상징하는 사건이자, 전쟁과 식민지 지배의 비극을 드러낸 중요한 역사적 사건이라고 할 수 있습니다. 그러나 일본 정부의 미온적인 대응과 사건 축소·은폐 의혹은 여전히 논란이 되고 있습니다.

1945년 8월 24일, 우키시마호가 침몰하면서 수백에서 수천 명에 이르는 조선인 승선자가 희생되었다고 전해진다.

이 밖에도 전시기에 홋카이도 탄광을 비롯하여 중국 동북부와 동남아, 태평양의 남양군도 각 섬에 강제동원된 한국인 희생자에 관한 연구는 아직도 턱없이 부족합니다. 각지에서 사망한 한국인 희생자의 유골 수습도 전혀 이루어지지 않고 있습니다. 동남아와 태평양의 각 섬에 흩어져 있는 희생자의 유골은 60여 년이 지난 지금까지도 여전히 방치된 채로 남아 있습니다.

희생자들의 실태를 밝히고 유골을 수습하기 위해서는 일본 정부의 적극적인 협력과 조직적인 조사가 필수적입니다. 그러나 일본 정부는 2016년 4월 전몰자 유골 수집 추진법을 제정한 이후, 태평양전쟁 당시 일본인 전몰자 유골 수집에는 힘을 쏟아왔지만, 한반도 출신 희생자들에 대해서는 사실상 조사 대상에서 배제해 왔습니다.

2026년 1월 한일정상회담에서 **조세이 탄광 수몰 사고** 유골에 관한 DNA감정이 논의된 것은, 그동안 방치되어 온 문제들이 이제야 공식 의제로 다뤄지기 시작했음을 보여주는 사례일 뿐입니다.

사죄는 충분했을까? 아베의 '전후 70년 담화'

2015년 8월 14일 일본의 아베 총리가 **전후 70년 담화**를 발표했습니다. 한국 언론에서는 일제히 아베 담화를 역사 인식의 후퇴라고 비판했습니다. 그러나 그 내용을 자세히 살펴보면 역사 인식의 후퇴라기보다는, 앞으로 더 이상 사죄하지 않겠다는 의지를 분명하게 드러낸 것이라고 할 수 있습니다.

담화에서 주목되는 부분은 **한국**에 대하여 간접적으로 **관용**과 화해를 **촉구**하고 있는 점입니다. 담화의 후반부를 보면 패전 후 중국에서 미처 귀국하지 못했던 3천여 명의 일본인이 무사히 성장하여 조국의 땅을 밟을 수 있었다는 점, 전쟁 당시 미국, 영국, 호주, 네덜란드의 포로들이 장기간에 걸쳐 일본을 방문하여 상호 간의 전사자를 위해 위령을 계속해 온 점을 들어 다음과 같이 말하고 있습니다.

관용의 마음에 의해 일본은 전후 국제사회에 복귀할 수 있었습니다. 전후 70년의 이 기회에 우리나라는 **화해**를 위해 힘써 주

모든 나라, 모든 분에게 진심으로 감사의 마음을 전하고 싶다고 생각합니다.

이 부분은 상당히 의도적으로 만들어진 것으로 보입니다. 일본과 치열한 전쟁을 한 중국과 서구의 각국은 관용을 베풀어 일본과 화해를 했는데, 지금 오로지 한국만이 관용을 베풀지 않고 화해를 거부하고 있다는 의미가 숨어 있는 것입니다. 한국에 대하여 이제 사죄 요구는 그만하라는 의미로 보이기도 합니다.

그러한 의도는 위의 문장에 이어서 패전 후에 태어난 세대가 8할을 넘는 상황에서 "젊은 세대에 사죄를 계속하는 숙명을 짊어지게 해서는 안 된다"라고 하여 더 이상 사죄하지 않겠다는 의사를 분명하게 드러낸 부분에서도 알 수 있습니다.

그렇다면 우리는 더 이상 일본의 사죄와 반성을 요구하지 말고 관용을 베풀어 용서해야 할까요?

용서란 무엇일까, 잊지 않는다는 선택

과연 피해자들의 상처를 치유하는 방법은 무엇일까요. 20세기 후반 프랑스 철학계에서 가장 저명한 학자로 평가받는 **자크 데리다**는 유대-기독교적 전통 속에 **무조건 용서**라는 사상이 있다고 설명합니다. 그는 이 사상을, 예수가 십자가에 매달린 바로 그 순간에

"하느님, 그들을 용서해 주세요!"라고 말하며 자신을 박해하는 죄인들까지 용서하는 장면에 비유될 수 있다고 설명합니다.

그러나 데리다는 이러한 '무조건 용서'를 강조하는 것은 아닙니다. 오히려 데리다는 용서하기 위한 조건이 충족되어야 하는 조건부 용서가 더 일반적이라는 점을 강조합니다. 용서하기 위해서는 가해자가 자신의 죄를 인정하고, 회개하고, 사죄하는 과정이 무엇보다 중요하다는 말입니다. 그것이 없는 '용서'는 죄나 악을 방치하는 것과 다름없으며, 결국 완전히 부도덕한 세계를 불러들인다고도 합니다.

데리다가 '사죄'와 '용서'를 강조한 배경에는 1990년대 이후의 국제사회 변화가 있었습니다. 냉전체제 붕괴 이후 독일을 비롯한 동유럽 국가들이 유대인 박해에 대하여 공개적으로 사죄하기 시작했습니다. 이러한 흐름을 배경으로 데리다는 사죄와 용서를 주장하고 있는데, 국가적 차원에서의 '용서'는 일종의 외교적인 이해관계가 따르기 때문에 조건 없는 '순수한 용서', 즉 일방적이며 무조건적인 용서는 있을 수 없으며 먼저 잘못을 인정하고 사죄하는 과정이 필요하다는 점을 강조한 것입니다.

무릎 꿇은 독일 총리, 일본과는 무엇이 다른가

'사죄'와 '용서'를 이야기할 때, 독일은 좋은 사례가 됩니다. 1970년

1970년 12월 7일 폴란드 바르샤바의 유대인 추념비 앞에서 무릎을 꿇고 애도를 표하는 빌리 브란트 독일 총리

서독의 빌리 브란트 총리가 폴란드 바르샤바의 유대인 추념비에서 쏟아지는 비를 맞으면서 무릎을 꿇고 눈물을 흘리는 장면은 지금까지도 강렬한 상징으로 남아 있습니다.

폴란드는 제2차 세계대전 중 나치 독일에 점령당하여 엄청난 고초를 겪은 나라였습니다. 따라서 폴란드 국민이 독일 총리의 방문을 환영할 이유는 없었습니다. 그런데 이 장면을 생방송으로 지켜본 폴란드 국민은 감동했고, 이후 서독에 대한 감정이 눈에 띄게 완화되었다고 전해집니다.

또 한 가지 예를 보죠. 제2차 세계대전 중 나치 독일에 점령된 대부분의 유럽 지역에서는 수백만 명의 외국인 노동자들이 강제노역에 동원되었습니다. 전쟁이 끝난 후 강제노동 피해자들은 국제연대를 통하여 끈질기게 배상을 요구해 왔습니다. 그 결과

2000년 8월 2일 독일 정부와 기업이 공동으로 100억 마르크(당시 환율 기준 약 6조 원 규모)라는 기금을 마련하여 기억·책임·미래 재단을 설립하고 희생자에 대한 보상을 시작했습니다.

이때 독일 대통령 요하네스 라우는 이스라엘 국회에서의 연설에서 '기억·책임·미래 재단'을 만들고 보상액을 정한 것은 다행이지만, 중요한 것은 돈이 아니라 잘못을 잘못으로 인정하는 태도라고 강조했습니다. 그리고 그는 "용서를 구한다"라고 밝혔습니다.

국가 원수가 피해자들에게 용서를 구한 것입니다. 독일은 자신들이 돌이킬 수 없는 잘못을 범했고, 어떤 보상이나 사죄도 한계가 있다는 것을 자각하고, 사죄의 말을 전했습니다.

한편 일본은 이제까지 식민지 지배와 침략전쟁에 대하여 수차례에 걸쳐 사죄와 반성을 표명해 왔지만, 그 어느 것도 독일과 같은 진정성을 보이지 않았습니다.

물론 독일이 완벽하다는 것은 아닙니다. 다만 독일은 계속해서 노력하는 자세를 보여주고 있습니다. 예를 들면 '기억·책임·미래 재단'에서는 '나치 독일에 의한 강제노동'을 역사적인 규명이 필요한 주요 과제로 삼겠다는 점을 재단 홈페이지에 명확히 밝히고 있으며, 앞으로도 과거를 기억하고 민주주의와 인권을 위한 공동 협력을 장려하는 국제적인 프로젝트들을 지원할 것이라는 점을 천명하고 있습니다.

이에 비하여 일본은 가능하면 진상을 축소하거나 논란을 피해 가는 자세로 일관하고 있습니다. 심지어 최근 논란이 된 군함도와 사도광산 등의 유네스코 문화유산 등재 시설물에도, 한국인에 대한 '강제동원은 없었다'라는 왜곡된 내용을 전시하고 있습니다. 이러한 주장은 최근 일본의 역사 수정주의가 기승을 부리면서 더욱 확산하는 경향을 보이고 있습니다.

"일본이 아시아를 구했다?" 베스트셀러 작가의 위험한 변신

햐쿠타 나오키는 최근 일본에서 역사 수정주의를 주도하는 대표적인 인물 가운데 한 사람입니다. 2006년 소설 《영원의 제로》로 데뷔한 그는, 2016년 소설가 은퇴를 선언한 뒤, 2023년에는 '일본 보수당'을 결성했습니다.

햐쿠타는 중일전쟁 당시의 난징학살을 비롯하여 전시 중에 자행되었던 일본의 전쟁 범죄를 모두 부정하는 한편, 도쿄 대공습과 히로시마 원폭에 대해서는 학살이라는 표현을 사용합니다. 그는 일본이 전쟁 중에 자행한 가해 행위에 대해서는 부정하고, 일본이 입은 피해만 문제 삼고 있는 것입니다.

햐쿠타는 2025년 8월 15일, 일본보수당 대표의 이름으로 전후 80년 담화를 발표했습니다. 여기서 그는 1960년대에 등장했던

'대동아전쟁긍정론'을 다시 전면에 내세웠습니다.

원래 대동아전쟁이라는 말은 전쟁 당시 일본이 자국이 일으킨 침략전쟁을 정당화하기 위해서 사용한 말이었습니다. 따라서 일본이 패전한 후 점령군은 '대동아전쟁'이라는 말을 사용하지 못하도록 했습니다. 그 대신 태평양전쟁이라는 용어를 사용하도록 했습니다. 그런데 점령군이 철수한 후 1960년에 소설가 하야시 후사오가 '대동아전쟁긍정론'이라는 글을 발표하여 커다란 파문을 불러일으켰습니다.

하야시가 주장하는 '대동아전쟁긍정론'의 핵심은, 일본이 일으킨 전쟁은 백인종의 아시아 침략을 저지하기 위한 아시아해방전쟁이었다는 것입니다. 햐쿠타는 이러한 주장을 부활시켜, 일본이 서구제국주의의 손에서 동남아시아를 '해방'시켰다고 주장하고 있습니다. 심지어 만약 일본이 없었다면 아시아 대부분의 국가는 지금도 서구 열강의 식민지가 되어 있을 것이라고 주장합니다.

햐쿠타는 한국에 대한 혐오감도 노골적으로 드러냅니다. 1923년의 관동대지진에서의 조선인 학살에 대해서는 조선인이 폭행과 방화를 저지른다는 유언비어를 실제로 있었던 일이라고 주장하면서 역사학자들이 현재까지 밝힌 연구 결과까지도 가볍게 무시하고 있습니다.

이렇게 상식에도 어긋난 주장을 하는데도 불구하고 햐쿠타는 오늘날 일본에서 보수를 대표하는 정치인으로서 두각을 나타내고 있으며 대중적으로 높은 평가를 받고 있습니다. 역사적인 사실에 대한 지식이 충분하지 않은 일본 독자들은 그의 책을 읽고 그의 주장에 쉽게 감화해 버릴 수 있는 것입니다. 그의 주장에 위화감을 느끼는 일본인이 줄어들수록, 일본이 극우의 길로 치달을 가능성이 커질 수밖에 없습니다. 이는 일본뿐만 아니라 우리에게도 불행으로 다가올 것입니다.

일본의 청소년들은 이 역사를 어떻게 배우고 있을까

일본의 청소년들은 과거 일본이 한국을 식민 지배한 역사를 어떻게 인식하고 있을까요?

중학교나 고등학교 수업에서는 "일본이 서구 열강으로부터 개국 요구와 함께 경제적 압박을 받는 상황에서 식민지 확보론이 대두하였고, 그 선택을 할 수밖에 없었다"라고 배우는 경우가 대부분입니다.

역사 교과서에는 식민지 지배가 한국의 근대화에 도움이 되었다고 하는 '식민지 근대화론'이나, 한국병합은 '합법'이라는 설명이 일반적입니다.

반면 일본이 강력한 군사적 **무력**을 배경으로 병합한 사실은 거의 가르치지 않습니다. 그리고 식민지 지배의 역사 속에서 지배

자로서 군림하면서 자행한 가해 행위에 대해서도 가르치지 않고 있습니다. 그래서 일본의 청소년들은 식민지 지배의 실상에 대해서는 거의 알지 못한 채 성장하게 됩니다.

또한 일본 사회에서는 침략전쟁에 대해서도 가해자로서의 자각보다도 **피해자 의식**이 더욱 강합니다. 일본은 식민지 지배의 확대 과정에서 만주와 중국으로 침략해 들어갔고, 이를 견제하는 미국과 전쟁을 하여 패전했습니다.

그런데 일본의 역사교육에서는 미국의 공습과 원폭으로 무수한 민간인이 희생당했다는 점을 강조하는 경향이 강합니다. 히로시마 원폭에 대해서도 피해자의 입장에서 서술하고 있으며, 왜 미국이 원폭을 투하할 수밖에 없었는지, 그리고 그 과정에서 침략전쟁과 식민지 지배의 역사를 되짚어 보는 경우는 거의 없습니다. 이렇게 근대 일본의 가해자로서의 역사에 대하여 무지한 청소년들에게 역사 수정주의가 파고 들어갈 여지가 커질 수밖에 없습니다.

'히로시마'라고 말할 때, 무엇을 함께 기억해야 할까

1945년 8월 6일 오전 8시 15분 히로시마 상공에서 투하된 **원자폭탄**은 실전에서 사용된 세계 최초의 핵무기로 역사의 기록에 남아 있습니다. 히로시마에 원폭이 투하된 사흘 후에는 두 번째 원폭이 나가사키에 투하되었습니다. 나가사키에 투하된 원폭은 히로시마에 투하된 원폭의 약 1.5배의 위력을 가지는 것이었습니다. 이 두 차례의 원폭 투하로 30만 명 이상이 사망했으며, 10만 명 이상이 원폭 후유증을 안고 살아가야 했습니다.

일본이 세계에서 유일한 피폭국이라는 사실은 일본의 역사 인식에도 영향을 주었습니다. 그러나 사실 일본이 먼저 침략전쟁을 일으켰으며, 패전 막바지에는 무조건 항복을 촉구하는 연합국의 **포츠담선언**을 받아들이지 않았다는 사실 역시 함께 살펴볼 필요가 있습니다.

그런데 일본은 자신들이 일으킨 침략전쟁으로 아시아 민중들이 희생당한 부분에 대해서는 외면하고, 원폭 투하로 자기들이 입은 피해만을 기억하는 경향이 강합니다. 중일전쟁부터 패전까지 일본인 사망자는 민간인을 포함하여 300만 명이라고 하지만, 일본이 일으킨 전쟁으로 희생된 아시아 민중은 2,500만 명이 넘습니다.

매년 8월이 되면 히로시마와 나가사키에서는 원폭 희생자를 추도하는 행사와 함께 핵무기의 사용 금지를 주장하는 평화운동이 세계적인 규모로 열립니다. 그러나 이러한 평화운동은 대체로 자신들이 유일한 피폭국이라는 피해자 의식을 바탕으로 한 것이지 자신들의 침략전쟁을 반성하는 인식은 극히 미약합니다.

그러나 아직 희망은 있습니다. 일본이 일으킨 침략전쟁에 대하여 반성을 촉구하는 진솔한 일본인의 목소리도 있기 때문입니다.

지금은 고인이 된 반전 시인 구리하라 사다코는 '히로시마라고 말할 때'라는 유명한 시를 남겼습니다. 이 시는 원폭 피해자의 시점이 아닌 전쟁 가해자의 입장에서 쓴 구리하라의 대표적인 시로 전세계에 널리 알려져 있습니다. 시의 첫 부분은 이렇게 시작됩니다.

'히로시마'라고 말할 때
'아아 히로시마'라고 상냥하게 대답해 줄까
'히로시마'라고 말하면 '진주만'
'히로시마'라고 말하면 '난징대학살'

이 시는 일본이 아무리 원폭 피해자라는 것을 호소해도, 태평양전쟁 발발의 도화선이 된 진주만 공격과 중일전쟁에서 일본이 자행한 난징대학살이라는 가해의 기억이 되돌아온다는 사실을 날카롭게 지적합니다. 구리하라는 시의 마지막을 다음과 같이 마무리합니다.

'히로시마'라고 말하면
'아아 히로시마'라는 상냥한 대답이 돌아오려면
우리는

우리의 더럽혀진 손을

깨끗이 해야만 한다

이 시가 전하는 메시지는 분명합니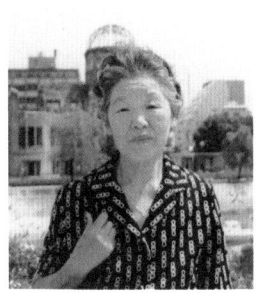
다. 일본이 원폭의 피해를 말하기 위해
서는, 먼저 일본이 저지른 전쟁과 침략
의 기억과 마주해야 한다는 요구입니
다. 일본이 피해자임을 호소하기 전에
먼저 일본의 가해 책임을 자각해야 한
구리하라 사다코 시인
다는 뜻입니다.

구리하라는 1999년 뇌경색으로 쓰러져 자택에서 요양하고 있
던 상황에서도, 2003년까지 해마다 원폭 기념일에는 시민단체가
주최하는 집회에 휠체어를 타고 참가해 시를 낭독했습니다. 구리
하라는 2005년 3월 6일 향년 92세로 자택에서 별세했습니다.

일본 사회에서도 구리하라의 이런 목소리에 귀를 기울이는 사
람이 늘어나기를 바라는 것은 결코 헛된 기대만은 아닐 것입니다.

참고문헌

국내서

강동진, 《일제의 한국침략정책사》, 한길사, 1980

조동걸, 《한말의 의병 전쟁》, 독립기념관, 1989

이태진, 《일제의 대한제국 강점》, 까치, 1995

이원덕, 《한일 과거사 처리의 원점》, 서울대학교출판부, 1996

김호섭 외, 《일본 우익 연구》, 중심, 2000

일본교과서 바로잡기 운동 본부, 《문답으로 읽는 일본 교과서 역사 왜곡》, 역사비평사, 2001

이원순 외, 《일본 역사 교과서 무엇이 문제인가?》, 동방미디어, 2002

일본교과서 바로잡기 운동 본부, 《한중일 역사 인식과 역사 교과서》, 역사비평사, 2002

이계황 외, 《기억의 전쟁》, 이화여대출판부, 2003

역사학연구소, 《함께 보는 한국 근현대사》, 서해문집, 2004

강덕상, 《학살의 기억 관동대지진》, 역사비평사, 2005

국사편찬위원회, 《우리 역사 길라잡이》, 1, 2, 교학사, 2008

박훈 외, 《일본 우익의 어제와 오늘》, 동북아역사재단, 2008

현대송, 《한국과 일본의 역사인식》, 나남, 2008

정병준, 《독도》, 돌베개, 2010

유용태 외, 《함께 읽는 동아시아 근현대사》, 창비, 2011

박맹수, 《개벽의 꿈 – 동학농민혁명과 제국 일본 》, 모시는 사람들, 2011

박진우, 《천황의 전쟁책임 – 봉인, 망각과 왜곡 미화의 역사 인식》, 제이앤씨, 2013

송기숙, 《이야기 동학농민전쟁》, 창비, 2014

동북아역사재단, 《야스쿠니에 묻는다》, 동북아역사재단, 2014

서경덕 외, 《당신이 알아야 할 한국사 10》, 메가스터디북스, 2014

박태균, 《박태균의 이슈 한국사》, 창비, 2015

이태진, 《일본의 한국병합 강제 연구》, 지식산업사, 2016

정진성, 《일본군 성노예제》, 서울대학교출판문화원, 2016

홍영기, 《한말 의병에서 독립군으로》, 선인, 2017

도리우미 유타카, 《일본학자가 본 식민지 근대화론》, 지식산업사, 2019

이영훈 외, 《반일종족주의》, 미래사, 2019

성주현, 《관동대지진과 식민지 조선》, 선인, 2020

동북아역사재단 편, 《동아시아사 입문》, 동북아역사재단, 2020

남상구, 《아직도 끝나지 않은 식민지 피해 – 야스쿠니신사 문제》, 동북아역사재단, 2020

호사카 유지, 《신친일파 – 반일종족주의의 거짓을 파헤친다》, 봄이아트북스, 2020

김종성, 《반일종족주의, 무엇이 문제인가》, 위즈덤하우스, 2020

조형근, 《우리 안의 친일 – 반일을 넘어 탈식민의 성찰로》, 역사비평사, 2022

신우정, 《일본에 답하다 – 강제징용, 위안부 문제를 바라보는 새로운 시각》, 박영사, 2022

박진우, 《한국인이라면 반드시 알아야 할 일본 근대 100년사》, 청어람, 2023

김남철, 《남도 한말 의병의 기억을 걷다》, 살림터, 2024

김봉식, 《내선일체 표방과 황민화정책》, 동북아역사재단, 2024

김금숙 만화, 《풀, 기억해야 할 일본군 '위안부'의 역사》, 창비, 2024

홍성화, 《일본은 왜 한국역사에 집착하는가3 – 일본, 조선병합을 기념하다》, 시여비, 2025

전용덕, 《식민지 근대화의 실상》, 서울대학교출판문화원, 2025

번역서

미야다 세츠코/이영낭 옮김, 《조선민중과 황민화 정책》, 일조각, 1997

다카하시 데츠야/이규수 옮김, 《일본의 전후 책임을 묻는다》, 역사비평사, 2000

교과서에 진실과 자유를 연락회, /김석근 옮김, 《철저비판 일본 우익의 역사관과 이데올로기》, 바다출판사, 2001

야마다 쇼지/이진희 옮김, 《관동대지진 조선인 학살에 대한 일본 국가와 민중의 책임》, 논형, 2008

일본의 전쟁책임 자료센터/박환무 옮김, 《야스쿠니신사의 정치》, 동북아역사재단, 2011

요시다 유다카/최혜주 옮김, 《아시아태평양전쟁》, 어문학사, 2012

요시미 요시아키/남상구 옮김, 《일본군 위안부 그 역사의 진실》, 역사공간, 2013

나카츠카 아키라 외/박맹수 옮김, 《동학농민전쟁과 일본 - 또 하나의 청일전쟁》, 모시는 사람들, 2014

히토츠바시대학교 사회학부 가토 케이키 세미나/ 김혜영 옮김, 《우리가 모르는 건 슬픔이 됩니다》, 해피북스투유, 2021

와타나베 노부유키/이규수 옮김, 《한국과 일본, 역사 인식의 간극 - 동학농민전쟁, 3·1운동, 관동대지진을 둘러싼 시선》, 삼인, 2023

가토 요코/박완 옮김, 《징병제와 근대 일본》, 고려대학교출판문화원, 2025